AF262052

GUERRE D'ITALIE 1859.

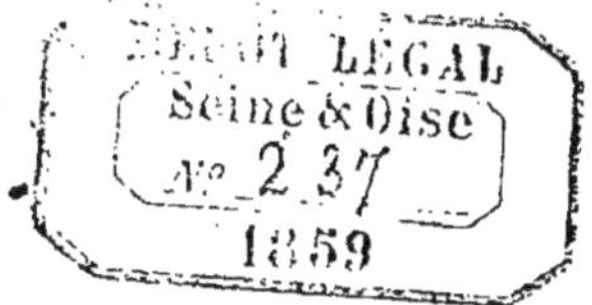

NOTICE

GÉOGRAPHIQUE, TOPOGRAPHIQUE, STATISTIQUE ET HISTORIQUE

DES ÉTATS BELLIGÉRANTS

ET

DE CEUX INTÉRESSÉS DANS LA GUERRE ACTUELLE,

AVEC UNE CARTE

Pour l'intelligence des Événements politiques et militaires,

Par A.-M. PERROT

GÉOGRAPHE.

PARIS

CHEZ LÉON BADY, LIBRAIRE-ÉDITEUR,

5 ET 7, PASSAGE VIVIENNE.

—

1859.

SAINT-GERMAIN EN LAYE. — IMPRIMERIE DE H. PICAULT.

AVIS DE L'ÉDITEUR.

L'immense intérêt que le public témoigne pour tout ce qui a rapport à la guerre actuelle, et le peu de connaissance que l'on a généralement sur la position et l'organisation des États Italiens, nous ont engagé à publier cette Notice, dans laquelle se trouvent réunis le plus succinctement possible les documents propres à bien faire connaître la position géographique et politique des différents pays intéressés dans les événements, leurs forces en population, armée, marine; les rivières, routes stratégiques, places de guerre, établissements militaires qui peuvent figurer pendant la campagne et pendant les négociations qui doivent la suivre.

On y a joint une carte-tableau, offrant le théâtre de la guerre, mais destinée surtout à bien faire comprendre la composition de l'empire d'Autriche et la réunion des divers pays, si étrangers l'un à l'autre, dont il est formé.

NOTICE

SUR

LES ÉTATS ITALIENS

CHAPITRE PREMIER.

ROYAUME DE SARDAIGNE.

Le domaine de terre ferme du royaume de Sardaigne a pour frontières la France à l'ouest, la Confédération Suisse au nord et au nord-est, le royaume Lombard-Vénitien, le duché de Parme et le duché de Toscane à l'est, la mer Méditerranée au sud.

Il se compose du duché de Savoie, de la principauté de Piémont, des duchés d'Aoste et de Montferrat, de la seigneurie de Verceil, des comtés de Nice et d'Asti, du marquisat de Saluces, d'une partie du duché de Milan, de l'ancienne république de Gênes, des langhe ou fiefs impériaux et des îles de Sardaigne et de Capraja. Le roi de Sardaigne a le droit de mettre garnison dans les places de la principauté de Monaco.

La superficie de cet État est de 76,633 kilomètres carrés, dont 23,920 pour l'île de Sardaigne.

Le Piémont est entouré de tous côtés par la chaîne des Alpes et une partie de l'Apennin ; au sud de l'Apennin et sur son versant méridional se trouve la zone étroite appelée rivière de Gênes. Sauf les riches et fertiles plaines du Piémont, le reste du royaume est un pays montagneux.

Le Pô est le fleuve le plus important de l'Italie, surtout au point de vue stratégique ; il prend sa source sur le versant sud-est du Mont-Viso, et arrose la plaine du sud au nord, en roulant ses eaux abondantes dans un large lit dont les bords sont ombragés d'arbres. A Turin il se dirige à l'est ; après le confluent de la Sésia, le fleuve prend encore plus de largeur et se hérisse d'îles. Cette largeur variable est de 227 mètres à Turin, 379 mètres à Valence, 303 mètres au-dessus du confluent du Tessin, et de 455 à 530 au-dessous de ce confluent. Des gués permanents ne se trouvent que dans la partie supérieure du fleuve, et entre les embouchures du Tessin et du Lombro ; cependant, par une sécheresse continue, on trouve aussi quelques endroits guéables, mais, en général, les gués du Pô sont changeants et incertains. Il commence à porter bateau à Carde, au-dessus de Turin. Les passages principaux du Pô, qui n'a presque point de pont permanent au-dessous de Turin, se trouvent à Casale, où il y a un pont de bateaux, à Valenza et à Mezzana-Corte, au sud de Pavie.

Les affluents que le Pô reçoit des Apennins à sa droite, sont torrentiels ; une forte pluie, une fonte de neige les gonflent soudainement.

Les principaux sont :

La Trebbia, qui passe au-dessous de Bobbio et a un lit de gravier, couvert de bois ;

Le Tidone, le Coppo, le Staffora, la Scrivia et le Curone, tous insignifiants à leur état ordinaire, sont, pendant les crues, des obstacles d'autant plus grands qu'il y existe très-peu de ponts.

Le Tanaro a sa source à l'est du col de Tende et coule, jusqu'à son embouchure, parallèlement aux sinuosités que le Pô décrit avant Valenza ; il est plusieurs fois encaissé, forme des défilés et traverse la plaine par Alexandrie ; il reçoit la Stura, le Belbo, la Bormida, et offre, en été, beaucoup de gués.

Sur la rive gauche, le Pô reçoit la Grana, la Macra, la Vraita, qui suivent des vallées profondes ; le Chisone a 15 à 18 mètres de largeur et 0^{m}70 seulement de profondeur sur un lit de pierres et de gravier. On le franchit à gué presque partout, mais, de même que le Sangone, la Dora-Riparia, la Stura, l'Orco, il est sujet à des crues considérables.

La Sésia est un torrent de montagne extrêmement rapide.

Le Tessin sépare le Piémont de la Lombardie ; il prend sa source dans le canton suisse de même nom, au mont Saint-Gothard, se jette dans le lac Majeur, qu'il quitte à Sesto-Calendo, pour se rendre dans le Pô par une vallée étroite et bordée de collines en partie boisées. A Boffalora il est déjà fort large ; sa largeur est de 60 à 100 mètres à Castel-Novate et de 225 à 260 plus bas.

Pendant les basses eaux, il y a un grand nombre de gués, presque tous très-changeants ; les seuls ponts sont à Boffalora et à Pavie.

Dans la vallée du Pô se trouvent un grand nombre de canaux d'irrigation, qui changent en campagnes fécondes de vastes espaces stériles.

Les autres cours d'eau n'ont aucun intérêt dans les circonstances actuelles. Le royaume de Sardaigne est un pays agricole, les plaines du Piémont sont très-fertiles et particulièrement abondantes en riz, les provinces du Midi riches en vins et en fruits. En général, l'agriculture couvre non-seulement la consommation intérieure, mais elle produit encore une quantité assez notable de riz, de vin, d'huile et de chanvre pour l'exportation. Le commerce y a une certaine importance ; on peut évaluer les importations à environ 121,000,000 de fr. et les exportations à 86,000,000 de fr. Gênes et Nice sont les principaux ports du commerce, qui se fait encore par Spezzia, Chiavari, Savone et Oneille, et occupe plus de 3,000 bâtiments et 34,000 hommes.

Les routes principales qui partent de Turin sont :

La chaussée de Gênes, par Novi, Alexandrie et Asti; la chaussée de Turin à Nice par Coni, avec embranchements sur Mondovi et Ceva, et de là à Albenga ou Oneille et à Savonne; — de Turin à Barcelonnette et à Gap, par Coni, Demonte et le col de l'Argentière; de Turin à Briançon par Pinerolo et le Mont-Genèvre; de Turin à Chambéry par Rivoli, le pas de Suse et le Mont-Cenis; de Turin à Aoste par Ivrée, d'Aoste cette route devient difficile, franchit le grand Saint-Bernard et se dirige sur Martigny; de Turin à Briey par Vercelli et Novare en remontant le lac Majeur, puis traversant le Simplon. Tous les autres chemins qui vont en Savoie, en Suisse ou en France, à travers les Alpes, ne sont praticables que dans le fort de l'été. Dans la plaine coupée de rizières et de canaux d'irrigation, qui s'étend sur la rive gauche du Pô jusqu'au Tessin, il est presque impossible de marcher par les temps pluvieux.

La route de la Corniche longe les côtes du golfe de Gênes, depuis Nice jusqu'à la Spezzia, en passant par Vintiniglia, San-Remo, Oneglia, Albenga, Finale, Savonne, Gênes et Chiavari.

Les chemins de fer en activité sont :

De Turin à Chambéry et à Culloz (France) par Rivoli, Suse, Saint-Jean de Maurienne et Montmeillan; il est interrompu entre Suse et Saint-Jean de Maurienne, en attendant le percement du Mont-Cenis; de Turin à Arona, sur le lac Majeur, par Chivasso, Vercelli et Novare, avec embranchements de Chivasso à Ivrée, de Santhia à Bielle, de Vercelli à Valenza, de Novare à Valenza et à Alexandrie par Mortara, de Mortara à Vigevano; de Novare à Milan, de Turin à Gênes par Asti, Alexandrie et Novi, avec embranchement d'Alexandrie à Acqui; d'Alexandrie à Stradella, par Tortona, embranchement de Tortona à Novi; de Turin à Coni par Savigliano, avec embranchements sur Pignerole, sur Bra et sur Saluzzo.

La population du royaume est de 5,200,000 âmes, dont 525,000 pour l'île de Sardaigne.

D'après la constitution du 4 mars 1848, le gouvernement, qui était absolu, est devenu un des rares gouvernements constitutionnels de l'Europe. Le roi gouverne d'accord avec un sénat et une chambre des députés élective. Il y a huit ministères ; le gouvernement est assisté par un conseil d'Etat et une cour des comptes. A la tête de chaque province est préposé un intendant général, et elles ont des conseils provinciaux électifs ; les villes nomment leurs conseillers municipaux.

La législation est calquée sur les codes français.

La religion catholique est celle de l'État.

Le souverain actuel, Victor-Emmanuel II, est né le 14 mars 1820, et roi le 23 mars 1849 ; le prince royal, Humbert, est né le 14 mars 1844.

Le royaume est divisé en dix intendances : Turin, Coni, Alexandrie, Novare, Aoste, Savoie, Nice, Gênes, Cagliari et Sassari.

L'armée, sur le pied de paix, est de 37,515 hommes et 5,180 chevaux ;

SAVOIR :

	Hommes.	Chevaux.
État-major général.	220	»
Maison militaire du roi, gardes du corps et du palais.	200	200
Infanterie, garde royale et ligne. . .	23,440	»
Cavalerie.	5,220	4,190
Artillerie.	3,070	550
Génie.	690	»
Équipages militaires.	200	240
Vétérans.	2,275	»
Carabiniers royaux.	2,200	»
Totaux.	37,515	5,180

Cet effectif en temps de guerre est de 70,200 hommes, et peut être porté à plus de 100,000.

La marine de l'État, dont les arsenaux sont à Gênes et à Villafranca, se compose de 4 frégates, 1 corvette, 4 vapeurs, 69 petits bâtiments, 338 canons et 2,860 hommes.

Les villes les plus importantes et les places fortes ou forts, sont :

Turin, au confluent de la Dora-Riparia et du Pô, grande et belle ville, capitale du royaume, dont toutes les rues sont tirées au cordeau, se coupent à angle droit et partagent la cité en plus de cent cinquante parties. Le seul reste de ses fortifications est la citadelle, pentagone régulier bastionné.

Turin possède une fonderie de canons, un atelier d'artillerie, un grand arsenal, une manufacture d'armes, une poudrerie, une raffinerie de salpêtre, une académie militaire, deux grands hôpitaux et de belles casernes. Population : 150,000 âmes.

Veneria-Reale, près de Turin, haras royal, écoles vétérinaire et d'équitation, maison royale de plaisance. 3,000 âmes.

Chivasso. Un haras. 8,000 âmes.

Ivrée, sur la Dora-Baltea, est entourée de murs et est déendue par une citadelle et un fort ; haras. 8,000 âmes.

Fenestrelle, sur la Chisone, point important de stratégie, dont les fortifications ferment la route de la vallée de Pragellato. Ce fort est commandé par ceux de San-Carlo, de Tredenti et de Valli, placés sur la crête de rochers presque inaccessibles, et plus loin le fort de San-Elmo. Tous ces forts sont liés entre eux par des murs crénelés et des galeries. 1,200 âmes.

Suse, au pied du Mont-Cenis, est entouré de murailles et de tours.

Exilles, sur la Dora-Riparia, ferme la route de Suse à Briançon par le Mont-Genèvre. Ses fortifications sont importantes. 1,000 âmes.

Pinerolo, sur la Chisone, ancienne place forte démantelée en 1796. 12,000 âmes.

Coni, au confluent du Gesso et de la Stura, était autrefois fortifiée. 19,400 âmes.

Mondovi, forteresse sur l'Ellero. 20,000 âmes.

Ceva, sur le Tanaro, a quelques moyens de défense.

Racconigi a une école militaire et 14,000 âmes.

Cherasco, *Saluces*, *Fossano*, n'offrent rien à mentionner sous le rapport militaire.

Demonte, sur la Stura, a une faible citadelle et 6,000 habitants.

Vinadio, sur la Stura, est fortifiée et ferme le chemin de Coni à Barcelonnette par le col d'Argentières.

Savigliano, *Montenotte*, *Cossaria* et *Dégo*, rappellent des faits d'armes.

Alexandrie, sur le Tanaro qui y reçoit la Bormida, est défendue par une forte citadelle jointe à la ville par un pont de pierre, protégé par un ouvrage à corne. Cette citadelle forme un hexagone allongé, à fronts bastionnés ; elle est armée de 300 pièces de canon et peut renfermer une garnison de 6,000 hommes. Hôpital, casernes. — Les Français avaient fait d'Alexandrie une des places les plus fortes de l'Europe ; mais les Autrichiens l'ont démolie en 1814. — 43,000 âmes.

Marengo rappelle une brillante victoire de notre armée. 2,000 âmes.

Tortone a des murs et un château-fort. — *Acqui* est entourée de murs. — *Asti* a une maison d'invalides. — *Casale* a eu des fortifications démolies en 1795.

Novare, sur l'Agogna, a une enceinte bastionnée et une citadelle. 22,000 âmes.

Verceil, caserne de cavalerie. 15,000 âmes.

Arona, sur le lac Majeur ; port de commerce. 5,000 âmes.

Aoste, au confluent de la Dora-Baltea et du Banteggio.

Le fort de Bard ferme la route du val d'Aoste par le petit et le grand Saint-Bernard.

Chambéry, jolie ville, dans une plaine fertile, sur le torrent de Laisse et sur l'Albane, avec un château, une caserne pour 4,000 hommes et un hôpital. 18,000 âmes.

Les Echelles, défilé sur le Guier et la route de Chambéry à Lyon.

Annecy, *Bonneville*, *Thonon*, *Chamouny*, *Conflans*, *Moutiers*, sont les lieux les plus remarquables de l'intendance de Savoie.

Montmeillan, sur l'Isère, était autrefois bien fortifié. 2,000 âmes.

Lesseillon, sur l'Arc, est une petite place forte qui ferme la route du Mont-Cenis.

Nice, à l'embouchure du Paglione, avec un petit port défendu par quatre batteries de côte, une citadelle ruinée et le fort Montalban qui commande le port.

Villefranche, près de Nice, a une citadelle formant un carré bastionné qui défend le port et une magnifique rade ; chantier de construction, arsenal. 2,000 âmes. Port de refuge pour la marine russe.

Vintimille, sur la route de Gênes à Nice, a un fort et 5,000 âmes.

San-Remo, mauvais fort.

Gênes, grande ville sur la Méditerranée, est une des plus fortes places de guerre de l'Europe, entourée d'une double enceinte du côté de la terre. L'enceinte extérieure borde les hauteurs qui dominent la ville et a soixante bastions ; l'enceinte intérieure qui a quarante bastions peut être considérée comme la citadelle de la première. Le fort *Sperone* est la clef du camp retranché ; les forts Due-Fratelli, Pelio et Diamante, sont situés en dehors sur une crête de rochers escarpés. Entre les forts Diamante et Sperone est celui de Begado, et à l'est ceux de Quezzi, de Richelieu, de Monterati, delle-Croce et de Santa-Tecla ; grand arsenal, fonderie de canons, manufacture d'armes, poudrerie, hôpitaux, arsenal de marine. 115,000 âmes.

Savone a une citadelle et 20,000 habitants.

Finale, port et château-fort.

Gavi, place forte pour protéger l'ancienne route de Bocchetta.

Les autres villes les plus remarquables de l'intendance de Gênes sont :

Loano, *Albenga*, *Millesimo*, *Novi*, *Chiavari*, *Sestri-di-Levante*, avec un port de construction ; *Spézia*, port militaire fortifié, au fond d'un golfe défendu par plusieurs batteries ; *Sarzana*, place forte.

On n'entre pas ici dans des détails sur l'île de Sardaigne, qui est étrangère aux événements actuels.

Monaco. — Cette principauté, qui n'a que 30 kil. carrés et une population de 7,500 âmes, est enclavée dans le comté de Nice. La ville, de 1,400 âmes, est bien bâtie ; son port, ensablé en partie, est fréquenté par des pêcheurs.

La Savoie est le noyau des Etats-Sardes ; ce pays fut anciennement habité par les Allobroges, les Centrons, les Garocelles et les Nantuates, qui, vaincus par Auguste, furent compris dans la Gaule Narbonnaise, puis incorporés par les Bourguignons dans le royaume qu'ils formèrent. Le comte Berthold fut le premier élevé à la dignité de comte de Savoie en 998, par Rodolphe III, roi d'Arles, mais ses successeurs ne prirent ce titre que vers la fin du xve siècle. Amédée VI, qui avait augmenté ses domaines de la baronnie de Vaud, de la Bresse, du Bugey, du pays de Gex, créa par son testament, en 1383, la loi fondamentale de l'indivisibilité de ses Etats. Son successeur Amédée VII, dit le Rouge, obtint en 1388 les comtés de Nice et de Vintimille, et Barcelonnette. Amédée VIII acquit le Génevois. En 1416, l'empereur Sigismond érigea le comté de Savoie en duché ; deux ans après, il réunit Mondovi et hérita de la principauté de Piémont ; en 1419, il acquit Pignerol et les vallées des Vaudois ; en 1427, Verceil. Charles Ier prit, en 1485, le titre de roi de Chypre et de Jérusalem. Durant les guerres que se firent la France et l'Autriche pour la possession d'une partie de l'Italie septentrionale, les ducs de Savoie suivirent d'abord le parti de la France, qu'ils abandonnèrent bientôt après pour celui de l'Autriche ; cette versatilité fut fatale à Charles III, qui acquit Asti en 1551, mais qui perdit Genève et le pays de Vaud en 1556 et fut dépouillé de presque tous ses États par la

France. Cependant Emmanuel-Philibert, son successeur, ayant remporté la fameuse victoire de Saint-Quentin sur les Français, le traité de Cateau-Cambrésis, en 1559, le rétablit. Indépendamment de quelques acquisitions de territoire, telles que celles d'Oneille et de Tende, en 1576, les Etats-Sardes doivent à ce prince la culture de la soie et plusieurs forteresses. Son fils Charles-Emmanuel Ier, qui lui succéda en 1580, fut guerrier et diplomate, mais contribua peu à l'agrandissement de ses Etats; il céda à la France, en 1601, la Bresse, le Bugey et Gex, et conserva Saluces. Victor-Amédée Ier acquit la ville d'Alba. Les choses restèrent ainsi jusqu'au règne de Victor-Amédée II, qui éleva sa maison au plus haut degré de splendeur : en 1703 il augmenta ses domaines du duché de Montferrat et de plusieurs autres possessions dans le Milanais, telles qu'Alexandrie, Valence, Lomellina. En 1713, il perdit la vallée de Barcelonnette, mais il obtint la Sicile, qu'il échangea, en 1720, contre l'île de Sardaigne, d'où il prit le titre de roi. Charles-Emmanuel III reçut les districts milanais de Novare et Tortone, et l'Autriche lui céda, en 1744, Vigevano, Bobbio et d'autres portions du Milanais. Victor-Amédée III, son successeur, fut moins heureux. Dès le principe de la Révolution française, il se déclara contre la France, qui bientôt après s'empara de la Savoie et du comté de Nice. Jusqu'en 1796, aidé par les Autrichiens, il se soutint dans les hautes vallées du Piémont, mais battu par Bonaparte, il se vit forcé de céder à la France, le 15 mai 1796, les conquêtes déjà faites. Charles-Emmanuel IV s'allia avec la France contre l'Autriche, perdit le reste de ses Etats de terre ferme et alla se fixer dans l'île de Sardaigne. En 1802, ces États furent réunis à la France, et Charles-Emmanuel IV abdiqua le trône de Sardaigne en faveur de Victor-Emmanuel Ier. Le 20 mai 1814, ce nouveau roi prit possession des anciens États de sa maison, tels à peu près qu'ils étaient en 1792, et l'année suivante il acquit le territoire de l'ancienne république de Gênes, ainsi que la suzeraineté de Monaco; en 1820, il éclata une révolution tendant à établir un gouvernement constitutionnel dans ses États; mais l'armée autrichienne, qui entra dans le pays, rétablit promptement l'autorité royale. Depuis, le souverain lui-même a consenti à l'établissement d'un gouvernement plus en rapport avec les aspirations des Piémontais, gouvernement envié par les peuples des autres États italiens, mais redouté par l'Autriche comme devant porter atteinte à son absolu despotisme.

CHAPITRE II.

***

ROYAUME LOMBARD-VÉNITIEN.

Le royaume Lombard-Vénitien est borné au nord par le Tyrol et le canton des Grisons, à l'est par la mer Adriatique et l'Illyrie, au sud par l'État de l'Église, les duchés de Modène et de Parme et la Sardaigne, à l'ouest par la Sardaigne et la Suisse. Il se compose de la Lombardie et de la Vénétie ; sa superficie totale est de 46,864 kilomètres carrés.

La partie septentrionale est couverte par les Alpes et leurs ramifications, le reste du pays se compose de vastes plaines fertiles, mais marécageuses au sud-est et surtout à l'est.

Le Pô, qui sert en grande partie de limite au sud du royaume, coule de l'ouest à l'est, pour se jeter dans la mer Adriatique, et reçoit à gauche : le Tessin, l'Olona, le Lambro, l'Adda, grossie du Brembo et du Serio ; l'Oglio, qui reçoit la Mella et le Chiese, et le Mincio ; à droite, la Secchia. Le Tagliamento, le Livenza, la Piave, la Brenta, le Bacchiglione et l'Adige débouchent dans la mer.

Le Pô forme une multitude d'îles, dont les plus grandes sont boisées ; retardé par la lenteur de son cours, il cause, au printemps et pendant les crues, de vastes inondations. A Guastalla il y a des marécages, qui, plus bas, occupent de larges espaces ; au-dessous de Ficarolo commencent les bifurcations qui constituent le delta. La largeur du Pô est de 910 mètres au bac de Crémone, de 1516 mètres au bras principal, près le confluent du Taro, de 474 mètres seulement à Casalmaggiore, de 1,326 mètres à Guastalla, de 303 mètres à Ostiglia. Les points principaux de passage sont les ponts de bateaux à Mezzana-Corte, à Piacenza, à Casalmaggiore, à Viadana, à Borgoforte, à San-Benedetto, à Ostiglia, à Occhiobello et à Pontelagoscuro.

La plupart des nombreux cours d'eau qui arrosent cette contrée sont insignifiants au point de vue militaire; mais cependant la guerre offensive rencontre des difficultés dans les terres fangeuses et grasses, les rizières submergées forment de véritables lacs.

L'*Adda* forme une bonne ligne de défense; la rive droite commande la gauche. Sa largeur moyenne est de 90 mètres à Brivio, de 100 à 200 au-dessous de Lodi; les gués sont peu nombreux. Il y a des ponts en pierre à Locco, Vaprio, Pizzighettone, et en bois à Cassano et à Lodi. Près de là se trouvent des canaux d'irrigation.

Deux canaux mettent Milan en communication avec le Tessin et avec le Pô.

L'Oglio, le Mincio, l'Adige peuvent être avantageusement utilisés pour la défense du pays.

Au pied des Alpes sont les lacs les plus considérables de l'Italie : le lac Majeur, celui de Varèse, ceux de Lugano, de Côme, d'Iseo et d'Idro, et celui de Garda, le plus grand, d'où sort le Mincio.

Le sol est presque partout d'une fertilité remarquable et généralement très-bien cultivé; le froment, le maïs, le millet, les fèves, se récoltent en abondance ; une des productions principales est le riz. Il y a d'excellents pâturages, et cependant le pays est assez pauvre en bestiaux.

Les larges communications sont très-restreintes ; une grande partie des chemins est tracée sur les hautes digues, ou bordées de fossés pleins d'eau.

Les routes principales et stratégiques sont : celles de Milan à Turin ; de Milan à Bissone sur le lac de Lugano, par Côme; de Milan à Desio et Bellagio ; de Milan à Monza et à Colico ; de Milan à Cusciano et à San-Michael sur l'Adige, par Bergame, route importante qui tourne toutes les positions de la rive gauche du Pô; — de Brescia, où convergent les routes venant de Pavie, de Crémone, de Casal-Maggiore et de Mantoue à Caffaro, puis en Tyrol; — la chaussée de Mantoue à Botzen, par Vérone et la vallée de l'Adige; — la chaussée de Ferrare à Roveredo; — celle de Padoue à Trente par Bassano; — de Venise à Feltre par Trévise; la grande route d'Udine. Toutes ces routes sont coupées par des routes transversales.

Les chemins de fer en activité sont : de Milan à Turin par Boffalora, Novare et Verceil; — de Milan à Côme; — de Milan à Venise par Bergame, Brescia, Vérone, Vicence et Padoue; — de Vérone à Botzen par Roveredo et Trente, vallée de l'Adige; — de Venise à Pordenone par Trévise.

La population du royaume Lombard-Vénitien est de 5,500,000 âmes.

Le gouvernement est absolu, comme dans les autres Etats autrichiens; les concessions constitutionnelles stipulées ou promises ont toujours été éludées; un vice-roi, qui réside à Milan, représente l'empereur, nomme à toutes les charges de l'État; après lui viennent les gouverneurs des deux gouvernements, Lombardie et Vénétie; ils ont le détail des affaires administratives; chaque province est administrée par un commissaire ou délégué, et les districts par des chanceliers de la taxe.

La religion catholique est dominante.

Le royaume est divisé en deux grands gouvernements, celui de Lombardie, celui de Vénétie. Le premier est subdivisé en neuf délégations : Milan, Pavie, Côme, Sondrio, Bergame, Brescia, Lodi, Crémone et Mantoue. La Vénétie a huit délégations : Vérone, Rovigo, Venise, Padoue, Vicence, Trévise, Bellune, Udine.

Les affaires militaires dépendent du commandement général établi à Vérone.

L'empereur actuel, François-Joseph Ier, est né le 18 août 1830; il est monté sur le trône le 2 décembre 1848.

Le royaume Lombard-Vénitien n'a point d'armée nationale; les hommes qu'il fournit en grand nombre à l'armée autrichienne sont envoyés dans les provinces éloignées de l'empire, et le pays est occupé par des troupes étrangères qui s'y conduisent à peu près comme si elles étaient en pays ennemi ; cette humiliation a beaucoup contribué à augmenter la haine des Italiens contre l'Autriche.

Les villes et places de guerre à mentionner, sont :

MILAN, capitale, sur l'Olona, dans une fertile et magnifique plaine, entre le Tessin et l'Adda. Neuf grandes casernes, plusieurs hôpitaux ; elle était protégée autrefois par une citadelle. 180,000 âmes.

Lambrate, sur le Lambro, a une grande poudrerie.

Monza, sur le Lambro, deux casernes et 16,000 habitants.

Cassano a sur l'Adda un pont de 600 mètres de long.

Trezzo, avec un château sur l'Adda, dont les rives sont très-escarpées en cet endroit.

PAVIE, sur le Tessin, traversé par un pont de 87 mètres, a des fortifications peu redoutables et une citadelle, des casernes et des hôpitaux. 25,000 âmes.

Boffalora, sur le Naviglio-Grande et près du Tessin, qu'on y passe sur un pont de 310 mètres, et sur le chemin de fer de Turin à Milan.

CÔME, à l'extrémité sud du lac, dont elle porte le nom, est une ville de 16,000 âmes, importante par son industrie ; elle renferme cinq casernes.

Lecco, sur le bras méridional du lac de Côme, a une fonderie de fer et 2,000 âmes.

Fuentes, fort situé à l'embouchure de l'Adda, dans une contrée marécageuse et malsaine.

SONDRIO, ville de 5,000 âmes, a une caserne. Les autres villes de cette délégation sont : *Tirano, Bormio, Chiavenna* et *Morbegno*, qui n'ont que peu d'intérêt pour les opérations militaires.

Bergame, sur une hauteur, au pied des Alpes, entre le Brembo et le Serio, avec une enceinte de remparts et de fossés, et deux châteaux dont l'un au milieu de la ville ; cinq casernes, un hôpital militaire. 31,000 âmes. Dans sa délégation sont : *Clusone, Gandino, Lovere* et *Treviglio.*

Brescia, dans une plaine fertile sur la Garza, est entourée de murs et possède un vieux château situé sur une montagne au nord de la ville. Arsenal, neuf casernes, hôpital militaire, manufacture d'armes renommées. 34,000 âmes.

Travigliato, hôpital. — *Cardone*, 1,500 habitants et manufacture d'armes ; à *Pieve* et *Lumezzane-Santa-Apollonia*, dans la vallée de Trompia, on fabrique des baïonnettes, des platines et des garnitures de sabres.

Orzinovi est entourée de vieilles fortifications. 5,000 âmes.

Chiari, Desenzano, Lonato, Monte-Chiari, Bagolino n'ont pas d'établissement militaire. — *Pontevico* a un large pont sur l'Oglio.

Lodi, sur la rive droite de l'Adda, qu'on y passe sur un pont de 200 mètres, célèbre par la victoire du 10 mai 1796. Elle a un mur d'enceinte, une vieille citadelle, dix casernes, un hôpital militaire, un magasin à poudre. 20,000 âmes.

Créma, sur le Serio, ville avec château-fort ; haras de remonte. 9,000 âmes.

Codogno, 8,000 âmes.

Romanengo, avec un vieux château. 8,000 âmes.

San-Colombano, excellente position militaire, autrefois fortifiée. 6,500 âmes.

Crémone, entre le Pô et le Novaglio-della-Citta, est entourée de murs et a treize casernes, un magasin à poudre et de munitions ; l'ancien château-fort de San-Croce a été démoli. 27,000 âmes.

Pizzighettone, à l'embouchure du Serio-Morto dans l'Adda, est une place forte, considérablement améliorée dans ces derniers temps. 4,500 âmes.

Mantoue, une des plus fortes places de guerre de l'Italie, est entourée par les lacs que forme le Mincio; on ne peut y pénétrer que par quatre chaussées ou digues longues et étroites, protégées par de forts et nombreux ouvrages extérieurs. 30,000 âmes.

Marmizóla, sur la route de Mantoue à Peschiera, a une importante fabrique de poudre. — *Sabbionetta*, ville de 6,000 âmes, est entourée de vieux ouvrages. — *Bozzolo* a un mur d'enceinte, ainsi qu'*Asola* où se trouve un port sur la Chiese. — *Castiglione* est sur une hauteur et a un château.

Peschiera, à l'endroit où le Mincio sort du lac de Garde, est une place forte avec d'importants ouvrages extérieurs. 1,600 âmes.

Vérone, place forte, sur les deux rives de l'Adige, très-importante par sa situation au débouché du Tyrol, non loin de la forte ligne du Mincio et de l'excellente position de *Caldiero*; c'est le point le plus important pour la défense de la haute Italie entre le Pô et les Alpes. Vérone est le siége du commandement général. On y trouve un grand dépôt d'artillerie, dix-huit casernes, deux hôpitaux militaires. 60,000 âmes.

Soave, sur l'Alpon, était autrefois fortifié. — *Rivoli* et *Arcole* sont célèbres dans les fastes militaires.

Legnago, sur l'Adige, qu'on y passe sur un pont, est une place forte récemment améliorée. 10,000 habitants.

A *Valleggio*, ville de 5,000 âmes, on passe le Mincio sur deux ponts.

Rovigo, ceinture de murs, vieux château-fort, caserne et 9,000 âmes.

Adria a un excellent port. 10,000 âmes.

Venise, ville bâtie dans les lagunes, sur cent trente-six îles réunies les unes aux autres par plus de six cents ponts. Les différentes passes par où l'on entre dans les lagunes sont défendues par des forts bien armés et par des batteries. Grand arsenal de marine, chantiers de construction, treize casernes, un hôpital militaire. 120,000 âmes.

Stra, sur la rive droite de la Brenta, a un magnifique château royal.

PADOUE est entourée de murs, de bastions et de fossés ; huit casernes, un hôpital militaire. 51,000 âmes. Les lieux les plus remarquables de cette délégation sont : Monselia, 8,000 âmes ; Este, 9,000 âmes ; Abano, 2,800 âmes ; Teolo, 2,800 âmes ; Montaguana, 9,000 âmes.

VICENCE, sur les deux rives du Bacchiglione est entourée de murs et a un vieux château, dix casernes, un hôpital militaire. 34,000 âmes.

Bassano, où l'on passe la Brenta sur un pont. 11,500 âmes. *Montebello,* avec un château.

TRÉVISE, sur la Sile ; mur d'enceinte, cinq casernes, un hôpital, un dépôt du train des équipages, des poudreries. 19,000 âmes.

BELLUNE, à l'embouchure du Torrente-Ardo, dans la Piave, a une caserne et 12,000 âmes.

Auronzo, sur l'Anzière. 3,500 âmes. — *Agordo* a de riches mines de cuivre. 2,500 âmes. — *Feltre,* mines de fer. 4,500 âmes.

UDINE, sur le canal la Roja, entourée de murs, avec un château-fort servant de maison pénitentiaire ; quatre casernes, un hôpital militaire. 24,000 âmes.

Osopo, forte citadelle sur le Tagliamento.

Tolmezzo a un vieux château-fort. — *Palma,* petite place forte de 3,000 âmes. — *Pordenone.* 5,000 âmes. — *Sacile.* 4,000 âmes. — *San-Vito.* 4,500 âmes.

Le royaume Lombard-Vénitien correspond aux parties de la Gaule Cisalpine, nommée Gaule Transpadane et Vénétie, et à une partie de la Rhétie. Peu après la chute de l'empire Romain, au commencement du ve siècle, ce pays passa sous la domination des Goths, puis à l'empire d'Orient ; en 568, les Lombards s'emparèrent du nord de l'Italie et ils s'avancèrent peu à peu jusque dans le duché de Rome ; mais Pepin, étant accouru au secours du pape, leur enleva leurs nouvelles conquêtes. Ils furent de nouveau défaits par Charlemagne, qui annexa leur royaume à la monarchie française en 774. Les descendants de ce conquérant possédèrent ce pays jusqu'en 960, où Othon le Grand, empereur d'Allemagne, le réunit à sa couronne. Les guerres des Guelfes et des Gibelins ne tardèrent pas à l'ensanglanter ; mais elles furent favorables à la liberté. Milan s'érigea en république en 1150, et Venise, république depuis la fin du viie siècle, prit un accroissement considérable. Le premier de ces États devint un duché en 1395 ; possédé d'abord par les Visconti, puis par les Sforce, auxquels Louis XII et François Ier tentèrent en vain de l'enlever, il passa en 1535 à Charles-Quint, qui en investit Philippe II, son fils. Au xviiie siècle, le Milanais passa à la maison d'Autriche ; vers le même temps, cette maison acquérait aussi le duché de Mantoue, qui forma alors, avec le Milanais, ce qu'on appela la Lombardie autrichienne. En 1797, le traité de Campo-Formio institua la république Cisalpine, formée du Milanais, du Mantouan, du Modenais, de la Valteline, de la partie des États vénitiens à l'ouest et au sud de l'Adige et de la partie nord des États de l'Église. La république Cisalpine prit, en 1802, le nom de république Italienne, et, en 1805, par la paix de Presbourg, la réunion de cette république aux provinces austro-vénitiennes et à la portion méridionale du Tyrol forma le royaume d'Italie. Ce dernier État fut aboli en 1814, et en passant à l'Autriche, devint le royaume Lombard-Vénitien, et l'Autriche obtint aussi le droit d'entretenir garnison dans les places de Ferrare et de Comacchio. Depuis cette dernière époque, les Italiens n'ont pas cessé de protester contre la domination despotique des Autrichiens, et ont toujours été dans un état d'effervescence et de révolte qui vient enfin d'amener la crise actuelle.

CHAPITRE III.

GRAND-DUCHÉ DE PARME.

Borné au nord par le cours du Pô et le royaume Lombard-Vénitien, à l'ouest par le royaume de Sardaigne, au sud par le même État et le duché de Modène, à l'est par le duché de Modène, il se compose des duchés de Parme, de Plaisance et de Guastalla. Sa superficie est de 6,165 kilomètres carrés.

Au sud du duché, la chaîne de l'Apennin descend en pentes assez douces, étend ses ramifications vers le nord, et forme un grand nombre de vallées entre le Tidone et la Trebbia. Les environs seuls de Plaisance sont un peu dégagés, de sorte que, des murs de cette ville, on jouit d'une perspective assez ouverte.

Plusieurs rivières, telles que la Nura, la Chiavenna, l'Ongina avec l'Arda, torrents dans leurs parties supérieures, arrosent la plaine fertile et couverte de rizières, de fossés et de groupes d'arbres.

Le Taro, grossi par les eaux du Cenno, est guéable partout, et son lit ne devient profond et endigué qu'après le confluent du Stirone. — La Parma, qui reçoit la Baganza et l'Enza, débouche dans la plaine à San-Polo, après avoir traversé Parme.

Le sol est fertile en céréales, blé, maïs, orge, pois, fèves, pommes de terre, chanvre, lin, tabac, safran, abricots, pêches, pommes, amandes, figues, huile, vin, châtaignes, et exporte l'excédant de ses produits. Les bestiaux y sont plus nombreux que dans les États voisins et sont la principale richesse du pays ; les bêtes à cornes y tiennent le milieu entre les races suisses et de Hongrie. On fait beaucoup de fromage connu sous le nom de Parmesan. Les meilleurs porcs de l'Italie sont engraissés dans ce pays. Le miel et la cire abondent dans les Apennins.

On fabrique surtout des soieries, des chapeaux, des futaines et des toiles de ménage.

Les routes principales sont celles de Parme à Plaisance où elles se bifurquent pour conduire : au nord, à Lodi et à Milan ; à l'est, à Alexandrie et Turin ; de Plaisance à Bobbio ; de Parme à la Spezia et à Sarzana par les montagnes ; de Parme à Crémone ; de Parme à Casal-Maggiore et Brescia ; de Parme à Guastalla, et de Parme à Modène.

La population du duché de Parme est de 510,000 âmes.

Le gouvernement est monarchique et absolu ; des traités passés avec l'Autriche mettent ce gouvernement dans une sorte de dépendance, et s'opposent à toute espèce d'améliorations.

Robert Ier, duc actuel de Parme et de Plaisance, est né à Florence, le 9 juillet 1848, succédant à son père le duc Charles III, le 27 mars 1854, sous la régence de Louise-Marie de Bourbon, née à Paris, le 21 septembre 1819, fille du duc de Berri.

Le duché est divisé en cinq districts : Parme, Plaisance, Borgosan-Donino, Borgotaro et Guastalla ; les deux premiers districts sont administrés par des gouverneurs, les autres par des commissaires.

D'après l'organisation de la force armée, le duché devrait avoir un régiment d'infanterie de 3,600 hommes ; mais en réalité, l'État militaire est composé comme il suit :

	Hommes.	Chevaux.
Une compagnie de hallebardiers.	60	»
Un bataillon d'infanterie.	475	»
Deux compagnies de dragons.	230	68
Une compagnie d'artillerie.	70	»
Une compagnie d'invalides.	156	»
Une compagnie d'élèves militaires.	50	»
Totaux.	1,041	68

Le tout sous le commandement d'un colonel.

Il est probable que, dans les circonstances actuelles, cet effectif aura subi des modifications, et que le duché utilisera les 4,000 hommes dont il peut disposer.

Les villes principales sont :

PARME, capitale, est entourée d'une enceinte bastionnée, protégée par une citadelle. Un beau pont, sur le Taro, a été construit sous le règne de l'archiduchesse Marie-Louise. 50,000 âmes.

Colorno, sur la Parma, est la résidence d'été de la cour.

PLAISANCE, près du confluent de la Trebbia, dans le Pô, qu'on passe sur un pont de bateaux, a une citadelle et une tête de pont, gardées par les Autrichiens. Un autre pont est sur la Trebbia. 32,000 âmes.

Bardi, fort dans la vallée du Ceno ; — *Campiano*, fort dans la vallée du Taro.

BORGO-SAN-DONINO, sur la Stirone, petite ville épiscopale. 6,000 habitants.

BORGATORO, petite ville de 6,000 âmes.

Pontremoli, sur la Magra et la route de Parme à Sarzana, a 6,000 habitants.

GUASTALLA, détachée du duché et enclavée dans celui de Modène, au confluent du Crostolo et du Pô, dans une contrée marécageuse, a une enceinte bastionnée, sans ouvrages extérieurs. 6,000 âmes.

Cette contrée a fait partie de la Gaule Cispadane et de la Ligurie. Charlemagne en fit donation au Saint-Siége, qui en fut longtemps possesseur ; au milieu des querelles qui s'élevèrent entre les papes et les empereurs, Parme et Plaisance devinrent républiques. Les ducs de Milan les possédèrent ensuite. Le pape Jules II se les fit céder par l'empereur Maximilien Ier, en

1512. Le pape Paul III les érigea en duché qu'il donna à Louis Farnèse, son fils, en 1543. La maison de Farnèse s'étant éteinte en 1731, don Carlos, infant d'Espagne et fils de Philippe V, en fut mis en possession lorsqu'il devint roi des Deux-Siciles ; en 1736, l'Autriche réclama la souveraineté des duchés-unis ; mais elle les céda, en 1748, à l'infant don Philippe, autre fils de Philippe V, en y ajoutant le duché de Guastalla. En 1801, les duchés passèrent sous la domination française et furent réunis au royaume d'Italie en 1805. En 1814, la paix de Paris donna ce pays, à titre de souveraineté héréditaire, à Marie-Louise et à son fils, le jeune Napoléon, avec cet arrangement de 1817, qu'à l'extinction de la maison régnante, cette souveraineté passerait à Marie-Louise, duchesse de Lucques, ou à sa postérité.

CHAPITRE IV.

***

DUCHÉ DE MODÈNE.

Borné au nord par le royaume Lombard-Vénitien, à l'est par le grand-duché de Parme, au sud par le golfe de Gênes et le duché de Lucques, à l'ouest par les États de l'Église, il est formé des duchés de Modène, de Reggio et de Mirandola, de la seigneurie de Garfagnana, des principautés de Novellara et de Carpi, et du duché de Massa-Carrara.

Sa superficie est de 5,487 kilomètres carrés.

A cheval sur la ligne de partage entre la Méditerranée et l'Adriatique, ce petit État verse ses eaux dans ces deux mers. La plus grande partie du territoire est cependant située sur le versant septentrional des Apennins, dont les rameaux s'aplanissent doucement vers la voie Émilia.

Ici, comme partout, la vallée du Pô est très-coupée, surtout dans l'espace compris entre la Secchia et le Panaro, au-dessous de Mirandola et de Finale, espace couvert de marais, de ruisseaux, d'une foule de fossés pleins d'eau, de canaux, de digues et de petits bois.

La Garfagnana et le territoire de Massa-Carrara, s'étendant au sud de l'Apennin, sont bien cultivés et produisent en abondance d'excellente huile.

Le Pô touche une petite partie de son territoire au N.-E. et reçoit le Crostolo, la Secchia et le Panaro.

Le Crostolo n'est navigable, pour les petits bateaux, que dans son cours inférieur.

La Secchia, qui se jette dans le Pô à Sobioncello, sur le territoire du royaume Lombard-Vénitien, est guéable sur beaucoup de points jusqu'à Concordia. Sa largeur varie de 40 à 80 mètres, et atteint jusqu'à 150 mètres pendant les crues. Le canal de Carpi va de cette ville à la Secchia, au-dessus de Bondanello.

Le Panaro entre en plaine à Bazzano et se jette dans le Poatello, à Boudens; il n'est guéable que jusqu'au pont fortifié; à l'est de Modène, son cours a été rectifié par un canal qui quitte la rivière au-dessus de Finale et la rejoint à Bianca.

Le Secchio sort de l'Apennin et se jette dans la Méditerranée, sur le territoire toscan, non loin de l'Arno, après avoir traversé le duché de Lucques. Son cours est modéré et ses eaux abondantes; il n'est pas navigable, mais il arrose, dans son trajet, une large vallée de la plus grande fertilité.

Le sol est, en général, fertile et bien cultivé; les principales productions sont en blé, riz, maïs, légumes, fruits, vin, huile, chanvre et bois. Il y a beaucoup de gros bétail, de porcs et de volaille.

Les routes qui traversent le duché de Modène, sont : celle de Parme à Mantoue par Guastalla; de Modène à Parme par Reggio; de Reggio à Guastalla; de Modène à Mantoue, à Mirandola, à Ferrare, à Bologne; de Reggio à Lucques; de Modène à Lucques et à Pistoja.

Le gouvernement est absolu; le duc a un ministre et deux secrétaires d'État. Le duché est divisé en cinq provinces administrées chacune par un gouverneur (*governatore*). Les communes ayant plus de 7,000 âmes sont administrées par un *podestat*, les autres n'ont qu'un *syndic*, mais toutes sont assistées d'un conseil municipal, choisi parmi les propriétaires les plus notables.

La population est de 990,000 âmes.

François V, archiduc d'Autriche, est né le 1er juin 1819, et duc de Modène le 21 janvier 1846.

Le duc est chef de l'armée; un général dirige sous ses ordres les affaires militaires.

	Hommes.	Chevaux.
L'armée se compose de troupes de ligne.	2,002	60
De la milice provinciale.	4,506	»
Des troupes de police.	794	100
Une compagnie de gardes-nobles (*trabans*).	106	»
Une batterie d'artillerie.	»	»
Totaux.	7,405	160

Mais cet effectif n'est guère, en temps ordinaire, que de 2,500 à 3,000 hommes.

Modène, capitale, a une citadelle qui, quoique petite, renferme une belle caserne et une enceinte sans ouvrages extérieurs. 27,500 âmes.

Sassuolo, sur la Secchia, palais d'été du duc.

Mirandola est une place forte, avec citadelle, située dans une contrée marécageuse, 6,000 âmes.

Capri a un château et 5,000 âmes, ainsi que *Massa*, qui renferme 8,000 habitants.

Finale, sur le Parano, fait un commerce assez important. 6,000 âmes.

Brescello, sur le confluent de l'Enza et du Pô, a une forte tête de pont et cinq tours à la Maximilien.

Carrara, célèbre par ses carrières de marbre. 4,500 âmes.

Reggio, ville importante de 20,000 âmes, est entourée de remparts et fossés protégés par une citadelle; elle renferme un palais ducal et une maison de fous.

Le pays de Modène, après avoir appartenu aux empereurs, aux papes, aux États de Venise, de Milan et de Mantoue, et aux princes de la maison d'Este qui régnait à Parme, fut érigé en duché, en 1453, en faveur de l'un d'eux, Borso d'Este. En 1797, il fut compris dans la république Cisalpine, puis dans le royaume d'Italie, où il fut presque entièrement réparti entre les départements du Crostolo et du Panaro. En 1814, l'archiduc François d'Este rentra en possession de ce duché, tel qu'il était avant le traité de Campo-Formio.

On attribue la fondation de Modène aux Étrusques. Devenue colonie romaine, cette ville prit beaucoup de part aux troubles du triumvirat; l'an 711 de Rome, elle se rendit à Marc-Antoine, qui venait de remporter sous ses murs une grande victoire sur Hirtius et Pansa, derniers soutiens de la république. Ruinée et rétablie sous Constantin, elle souffrit beaucoup sous les Goths et les Lombards. Elle passa ensuite successivement aux papes, aux Vénitiens, aux ducs de Milan, de Mantoue, de Ferrare, et enfin aux princes de la maison d'Este. Sous le royaume d'Italie, elle fut le chef-lieu du département du Panaro.

CHAPITRE V.

GRAND-DUCHÉ DE TOSCANE.

Situé sur le versant sud-ouest de l'Apennin septentrional, ce duché se compose du grand-duché de Toscane proprement dit, du Sata-Diepresidj, de l'île d'Elbe, de la principauté de Piombino, des anciens fiefs impériaux de Vernio, de Montanto et de Monte-Santa-Maria. Le duché de Lucques y a été annexé après la mort de la duchesse de Parme, Marie-Louise. Sa superficie totale est de 22,757 kilomètres carrés.

Il est borné, au nord, par le duché de Modène et l'État de l'Église, qui le borne aussi à l'est; au sud par la mer Méditerranée; à l'ouest par cette même mer, sur laquelle il possède 200 kilomètres de côtes.

L'Apennin couvre une partie de la Toscane, et offre un grand nombre de vallées dans lesquelles coulent l'Arno, l'Ombrone et la partie supérieure du Tibre, ainsi que les affluents de ces rivières principales.

La large vallée de l'Arno inférieur, jusque vers son embouchure dans le Pisan, est une des contrées les plus cultivées et les plus fertiles de l'Europe; son genre de culture, ses nombreux canaux d'irrigation construits en maçonnerie, ses petites propriétés parcellaires bordées d'arbres, et ses innombrables maisons de campagne ou métairies éparses et isolées, en font un pays aussi coupé que la plaine lombarde. Comme dans cette dernière, il existe dans la vallée de l'Arno des routes et des chemins multipliés dans toutes les directions. La nature et l'arrangement du terrain y permettent le déploiement de forces considérables; mais l'action de l'artillerie et de la cavalerie y est très-difficile. L'abondance des moyens de subsistance est remarquable, mais on n'y trouvera jamais de grands approvisionnements à cause de la consommation intérieure d'une population des plus compactes. On manquerait également d'animaux pour le transport, les fermiers, faute de fourrages, ne nourrissant que les bêtes absolument nécessaires à leurs exploitations; il n'y a pas de prairies, parce que tout le sol susceptible de culture est appliqué aux besoins de l'homme. On ne cultive ni l'avoine, ni l'orge, ni le seigle, mais de préférence le froment et le maïs.

Quant au Sub-Apennins et aux plages qui s'étendent depuis l'Arno jusqu'au Tibre et qui, sous le nom de *Maremmes*, occupent environ un quart du territoire toscan, ce sont des solitudes silencieuses et de vastes terrains gisant abandonnés et presque sans culture. Ce changement est une suite de l'air méphitique qui règne dans tout ce pays, tant sur les hauteurs que dans les plaines de la côte, et qui engendre les fièvres les plus malignes.

Dans les parties basses, la *mal'aria* s'élève des nombreux et vastes marécages qui s'étendent, au midi de la Cornia, autour des embouchures de nombreux torrents descendus du Sub-Apennins. Les régions hautes n'échappent point au redoutable fléau qu'y engendrent les miasmes sulfureux d'un sol éminemment volcanique.

On aurait tort cependant de se figurer les *Maremmes* comme une terre absolument aride et inculte, elles sont cultivées. Lorsque le moment est arrivé de préparer les terres, on voit les *Maremmes*, la veille encore désertes et immobiles, s'animer de la présence d'une armée de travailleurs, puis, quelques semaines après, la plaine devenir de nouveau déserte et abandonnée; mais une verte moisson s'y élève, et le jour de la récolte venu, les travailleurs redescendent les montagnes des Abruzzes et se hâtent d'y retourner le plus vite possible, en emportant les blés moissonnés, afin d'échapper à la *mal'aria* qui sévit surtout au fort de l'été.

L'*Arno*, le fleuve principal du duché, a une largeur et une profondeur assez considérables à partir du confluent de la *Chiana*. La largeur est de 210 mètres à Florence et de 175 à Pise. Il a partout un fond solide de gravier, les gués y sont nombreux, les rives basses et les abords multipliés et sans difficulté. Ses affluents les plus considérables sont la *Sieve*, la *Chiana*, la *Bisenzio* et la *Pescia*.

L'*Ombrone*, qui reçoit l'*Arbia*, coule dans une vallée étroite et traverse les *Marémmes* pour se jeter dans la mer au-dessous de Grossetto. Un canal conduit une partie de ses eaux dans la lagune de Castiglione. La *Mertia* et l'*Orcia* sont les plus importants affluents. Tous les autres cours d'eau de la côte sont des torrents.

Le sol produit de belles vignes, des oliviers, des châtaigniers et des grains. Les bêtes à cornes et les moutons sont en quantité inférieure aux besoins de la consommation, les cochons et les chèvres y sont en nombre suffisant.

Il y a des haras à Saint-Rossore, Campigliese, Populonia, Vada et Bandita ; on exploite des mines de plomb, de cuivre, de fer, de soufre, de sel.

La Toscane est le pays le plus florissant de l'Italie sous le rapport de l'industrie ; le tissage de la paille, la fabrication des soieries, des draps et des toiles à voiles, en sont les branches les plus importantes.

Population, 1,550,000 habitants.

Le gouvernement est monarchique et absolu.

L'État est divisé en cinq *compartiments* : Florence, Arezzo, Sienne, Grossetto et Pise, subdivisés en 79 *cancellerie* et en 247 *territori communicativi* (communes).

Parmi tous les États de l'Italie, la Toscane est celui qui entretient les forces militaires les moins nombreuses relativement à sa population. Elles comprennent, sur le pied de paix :

	Hommes.
Le grand état-major, celui des places, celui du quartier-maître général et celui du génie. . .	89
Gardes-du-corps et *anziani*.	99
Infanterie.	7,100
Cavalerie, 1 régiment de chasseurs à cheval. .	648
Artillerie, avec matériel de campagne de 2 batteries à 6 pièces.	1,016
4 compagnies de canonniers gardes-côtes (île d'Elbe).	468
Total.	9,420

Cet effectif est loin d'être complet, et l'on ne compte guère ordinairement sous les armes que 4,000 hommes ; mais l'armée peut être portée à 14,000 hommes.

Le service militaire est obligatoire pour tous, et le recrutement se fait par la voie du sort, parmi les hommes de toutes conditions, de 18 à 25 ans. Le remplacement est permis.

La marine a pour chef le gouverneur de Livourne et est administrée par un commissaire spécial. Le matériel se compose de 3 goëlettes et de quelques chaloupes canonnières ; le personnel de 20 officiers et d'environ 180 matelots et soldats de marine.

La marine marchande possède à peu près 800 bâtiments jaugeant 42,000 tonneaux.

Le grand-duché de Toscane est aujourd'hui gouverné par Léopold II, archiduc d'Autriche, né le 3 octobre 1797, grand-duc le 18 juin 1824. Il a pour héritier le prince Ferdinand, né le 10 juin 1835.

Les villes principales du duché sont :

FLORENCE, capitale, une des cités les plus belles et les plus florissantes de l'Italie. On y passe l'Arno sur quatre beaux ponts. La ville est entourée de murs, de tours et de quatre forts. Elle renferme 120,000 habitants.

Prato a une vieille citadelle et 12,000 habitants.

Pistoja, sur l'Ombrone, est entourée de murs et défendue par une citadelle. 12,000 habitants.

San-Martino a un arsenal, une fonderie de canons et une manufacture d'armes.

Voltera, sur une montagne, avec citadelle. 4,000 habitants.

Arezzo, ville industrieuse. 9,000 habitants. Défendue par une citadelle.

Cortona, entourée des restes d'une antique enceinte.

Sienne, entourée de murs et défendue par une citadelle. 24,000 habitants. Le grand-duc y a un château.

Grossetto, remarquable par les vastes salines de son voisinage, est entouré de murs.

Orbitello, sur une pointe de terre qui entoure le golfe de San-Stefano, est couronné par le Monte-Argentaro. La ville a un port et deux châteaux-forts. 2,000 habitants.

Monte-Filippo et *Porto-Ercole* sont deux bourgs fortifiés, chacun avec un petit port.

Pise, sur l'Arno, qu'on y passe sur trois ponts. Cette ville est entourée de murs et défendue par une citadelle. 25,000 habitants.

Livourne, jolie ville moderne et régulière, est défendue par de bons ouvrages et par deux forts ; un troisième et trois tours fortifiées protégent le port. Manufacture d'armes, grands chantiers. Le port est vaste et sûr, mais sujet à s'ensabler. 83,000 habitants.

Piombino, avec un petit port et un fort. 4,000 habitants.

Lucques, dans la vallée du Serchio, a un arsenal. Les fortifications de la ville ont été changées en promenades. 24,000 habitants.

Viareggio, avec un port, 6,000 habitants.

Dans l'île d'Elbe, *Porto-Ferrajo*, siége du gouverneur ; palais grand-ducal ; port et deux forts. 4,000 habitants.

Porto-Longone, port défendu par un fort. 4,000 habitants.

Rio. Abondantes mines de fer.

Les habitants de la Toscane sont généralement bien faits, et remarquables entre tous les autres Italiens, par leur douceur, leur civilisation, leur franchise et leur droiture ; les femmes y sont très-belles et bien élevées ; c'est dans la Toscane que se parle le plus purement la langue italienne.

Cette contrée remplace une grande partie de l'ancienne *Étrurie*, occupée par différents peuples appelés Étrusques ou *Tusciens*, et qui étaient au nombre de douze, ayant chacun leur roi. Le plus célèbre d'entre leurs rois fut Porsenna, qui assiégea Rome pour remettre les Tarquins sur le trône. Ils formèrent entre eux une confédération qui fut dissoute après la prise de Véïes par les Romains, qui s'emparèrent ensuite de tout le pays. Les Étrusques contribuèrent beaucoup à la civilisation de leurs vainqueurs ; ils étaient célèbres dans l'antiquité par la culture des beaux-arts, et cette renommée s'est relevée plus brillante dans les temps modernes. Après l'invasion des Barbares, la Toscane tomba au pouvoir des Goths, et passa ensuite aux mains des Lombards. Charlemagne soumit la Toscane à des comtes qui, sous Louis le Débonnaire, prirent le titre de marquis. Ils étaient vassaux de l'empire. Guelfe VI, l'un d'eux, vendit son marquisat à l'empereur Frédéric Ier, vers 1160. Pendant que les empereurs donnèrent en fief à des seigneurs les terres et les châteaux de la Toscane, les villes s'érigèrent en républiques ; celles de Florence, de Pise, de Sienne, acquirent de grandes richesses par le commerce et envahirent les seigneuries voisines ; Florence asservit Pise et finit par tomber elle-même sous la domination des Médicis. Alexandre de Médicis fut créé duc de Florence en 1531. Le Siennois étant tombé au pouvoir de Charles-Quint, il fut cédé en 1557, par Philippe II, roi d'Espagne, au fils et successeur d'Alexandre, Côme Ier, qui prit le titre de grand-duc de Toscane. Les Médicis secondèrent puissamment le génie des Toscans pour les arts et les lettres, et ils méritèrent de donner leur nom à l'époque la plus brillante de l'histoire d'Italie dans les temps modernes. Jean Gaston, septième et dernier grand-duc de la maison de Médicis, étant mort sans enfants, en 1787, le grand-duché, par suite d'un traité précédemment conclu à Vienne, passa à François-Étienne, duc de Lorraine, qui, en échange, céda à la France son duché, à la charge d'en laisser la jouissance à Stanislas, ex-roi de Pologne. En 1745, François-Étienne, qui avait épousé Marie-Thérèse, succéda, sur le trône d'Allemagne, à Charles VI, père de cette princesse. La suite des successeurs naturels de François-Étienne, parmi lesquels il faut distinguer Léopold, qui gouverna avec sagesse et gloire, fut interrompue par la révolution française. En 1801, par suite du traité de Lunéville, le grand-duché de Toscane passa, sous le titre de royaume d'Étrurie, au prince de Parme; plus tard, Napoléon l'incorpora à l'empire français, où il forma les départements de l'Arno, de la Méditerranée et de l'Ombrone; mais, en 1814, il fut rendu, avec son ancien titre, à l'archiduc Ferdinand, frère de l'empereur d'Autriche.

CHAPITRE VI.

ÉTAT DE L'ÉGLISE.

Il est borné au nord par le Pô qui le sépare du royaume Lombard-Vénitien, à l'est par la mer Adriatique et le royaume de Naples, à l'ouest par les duchés de Modène et de Toscane et la Méditerranée.

La superficie est de 41,152 kilomètres carrés.

La chaîne de l'Apennin traverse la partie nord-est de ce pays, dont la surface est généralement montagneuse et les vallées le plus souvent étroites ; les plaines ne se rencontrent qu'aux extrémités septentrionales et méridionales, où elles présentent des terrains bas et humides, des lagunes et des marais fétides. Le versant vers l'Adriatique est sillonné par de nombreux cours d'eau, qui suivent en général une direction perpendiculaire à la chaîne ; les principaux sont : le Lamone, le Montone, le Savio, le Foglia, le Metauro, l'Esino, la Potenza, le Teno, l'Aso et le Tronto. Le versant opposé est presque exclusivement occupé par le bassin du Tibre, le seul fleuve navigable du pays, et dont le cours est de plus de 800 kilomètres ; il reçoit à droite la Chiana et la Paglia, et à gauche la Nera. Le sol est fertile, mais l'agriculture négligée. Le blé, l'orge, le maïs, le riz, les oliviers et la vigne sont les produits les plus importants. Les pâturages nourrissent beaucoup de bestiaux et de bons chevaux.

L'industrie manufacturière y est peu développée.

Une route principale traverse l'État de l'Église de Ferrare

à Terracine, sur la frontière napolitaine, et jette de tous côtés des embranchements qui relient les principaux centres de population. Les seuls chemins de fer en exploitation sont ceux de Rome à Civita-Vecchia et de Rome à Frascati.

La population est de près de 3,000,000 d'âmes.

Le gouvernement est monarchique; l'exercice de la souveraineté appartient au pape, obligé néanmoins, d'après les principes de la constitution, à consulter le consistoire des cardinaux pour la solution des affaires importantes. La direction des relations politiques et ecclésiastiques avec l'extérieur, est centralisée entre les mains de la *segretaria di stato* et de la *segretaria de brevi pontifici*.

Le ministère se compose de six départements : celui des affaires étrangères, chargé aussi des affaires militaires et de la police; celui des affaires ecclésiastiques et des brefs; celui de l'intérieur, réuni à celui des finances, dirigé par un trésorier général; celui des suppliques, des réclamations et des grâces; celui de la justice.

A côté de ce ministère existent encore les autorités centrales suivantes, placées immédiatement sous la direction du pape et du sacré-collége : la *segnatura di grazia*, chargée de recevoir les réclamations contre les autorités de Rome et des provinces; la *penitenziaria*, chargée d'examiner les demandes de dispenses pour les cas de conscience dont l'absolution est exclusivement réservée au pape; la *Daterie*, qui perçoit les revenus des dispenses, des grâces, des *prébendes*, etc., pour lesquelles il faut payer des taxes, qui forment une des principales sources de revenu pour le trône apostolique; la *cancellaria apostolica*, chargée de l'expédition des bulles pour seconder l'administration intérieure et diriger certaines affaires séculières et ecclésiastiques. Il existe vingt-quatre congrégations présidées chacune par un cardinal.

L'État de l'Église est divisé en vingt-et-une provinces, savoir : la *comarca* de Rome; les six légations de Bologne, Ferrare, Ravenne, Forli, Urbino-et-Pesaro et Volletri; le *commissarioto* de Lorette et treize délégations.

Le territoire est partagé en trois divisions militaires : Rome, Ancône et Bologne.

Le pape Pie IX (Mastaï-Ferretti), né à Sinigaglia le 13 mai 1792, a été élu le 16 juin 1846.

L'armée papale se compose de troupes actives et de troupes de réserve destinées à renforcer les premières, et soldées alors comme elles.

L'infanterie est de 12,000 hommes, compris deux régiments de Suisses; la cavalerie de 1,000 hommes, plus 4,000 gendarmes et 2,000 douaniers; une garde noble de 80 hommes est chargée du service près du pape.

La marine se borne à la goëlette *San-Pietro*, à la felouque *San-Pio*, avec 33 hommes d'équipage, à 2 bateaux à vapeur et 13 chaloupes armées pour le service de la douane.

ROME, capitale, située sur les deux rives du Tibre, qu'on y passe sur trois ponts, n'offre, sous le rapport militaire, que la citadelle ou château Saint-Ange, antique mausolée d'Adrien, avec une enceinte régulière formée de quatre bastions. 175,000 âmes.

Albano, 3,000 âmes, et près de là *Castel-Gandolfo*, résidence d'été des papes. — *Velletri*. 12,000 âmes. — *Terracine*, dans une contrée insalubre à cause du voisinage des marais Pontins. 8,000 âmes. — *Ponte-Corvo*. 6,500 âmes.

Bénévent, au confluent du Sabato et du Calore, a une petite citadelle et 14,000 âmes. — *Viterbe*, entourée de vignes. 14,000 âmes.

Civita-Castellana, où se trouve un vieux fort servant de prison d'État. 3,200 âmes.

Civita-Vecchia a des fortifications importantes, un arsenal, des chantiers de construction, un port franc et 10,000 habitants; un chemin de fer relie cette ville à Rome.

Arvieto, sur la Paglia. 8,500 âmes. — *Rieti*, sur le Velino, avec une vieille citadelle, 12,000 âmes. — *Spolète*, sur la Maroggia, qu'on passe sur un beau pont romain. 7,000 âmes. — *Fermo*, entouré de murs. 14,000 âmes.

Pérouse, sur une éminence entre la rive droite du Tibre et le lac Trasimène. 32,000 âmes.

Ascoli, ville ceinte de murs et située sur une montagne. 8,200 âmes. — *Fermio,* entouré de murs. 15,000 âmes. — *Macerata,* sur le Chienti. 15,500 âmes. — *Camerino,* sur une montagne. 7,800 âmes. — *Lorette.* 8,000 âmes. — *Ancône,* bâtie en amphithéâtre sur une colline, au bord de la mer Adriatique, a un port franc protégé par une forte citadelle. 45,000 âmes. — *San-Leo* est un château-fort sur une montagne, servant de prison d'État. — *Rimini,* petit port ensablé. 20,000 âmes. — *Ravenne* est entourée de vieilles murailles.

Urbin a une vieille citadelle et 9,000 âmes. — *Pesaro,* port de commerce. 12,800 âmes. — *Fano,* port de commerce. 16,000 âmes. — *Forli,* sur la Ronca. 16,500 âmes. — *Bologne,* sur le canal qui joint le Reno à la Savena, est entouré de remparts. 75,000 âmes. — *Urbano,* fort sur la route de Bologne à Modène, garnison de vétérans. — *Ferrare,* sur le Pô-di-Primaro, ville fortifiée, avec une bonne citadelle, qui est occupée par les troupes autrichiennes. 24,000 âmes.

Comacchio, dans une contrée marécageuse, a d'importantes fortifications occupées par les Autrichiens.

SAINT-MARIN.

Petite république enclavée dans les États de l'Église; elle se compose de la ville de Saint-Marin et de quatre villages. Sa superficie est de 62 kilomètres carrés, et sa population de 7,700 âmes. — Elle entretient 40 hommes armés et possède 2 pièces de canon qui lui ont été données par le général Bonaparte.

Saint-Marin, ville bâtie sur une montagne, sur laquelle on ne monte que par un seul chemin étroit, est environnée de murs et protégée par trois petits forts. — *Borgo* est la résidence des principaux habitants.

Des successeurs de saint Pierre, Siricius, élu en 384, est le premier qui ait pris le titre de pape; ils sont peu à peu devenus maîtres d'une grande quantité de biens; mais leur puissance temporelle ne date que de 755, lors de la donation que Pepin, roi de France, fit, au Saint-Siége, des pays dont il venait de s'emparer. L'empereur Justinien Ier, ayant reconquis l'Italie sur les Goths, la fit gouverner par des exarques ou vice-rois; peu de temps après, les Lombards profitant de la mollesse de ces gouverneurs, envahirent une grande partie de l'Italie et y fondèrent un royaume. Les possessions des empereurs grecs, en Italie, furent alors restreintes au pays qui s'étend des frontières de la Toscane aux extrémités de la Calabre, mais ce territoire, défendu faiblement, fut continuellement dévasté et peu à peu usurpé par les Lombards; enfin, Adolphe, l'avant-dernier roi de cette nation, s'étant emparé entièrement, en 752, de l'exarchat, et voulant unir le reste de l'Italie à sa couronne, porta la guerre dans le duché de Rome. Le pape Étienne II, justement alarmé des conquêtes de ce prince, et ne pouvant espérer des secours de son empereur, alla lui-même, en 753, en solliciter, au nom de son souverain, de Pepin, qui ne tarda pas à venir délivrer Rome et à chasser les Lombards de leurs nouvelles conquêtes. Pepin, voulant affaiblir et les rois lombards et l'empereur d'Orient, fit alors, en 755, donation à perpétuité du territoire dont il s'était rendu maître à l'évêque de Rome et à ses successeurs au Saint-Siége; tel est le premier titre de la souveraineté temporelle des papes, qui, à cette époque, n'avaient aucun pouvoir sur les autres évêques, et qui, comme eux, devaient faire confirmer leur élection par les empereurs. A la mort de Pepin, Didier, dernier roi des Lombards, assiégea Rome; mais Charlemagne accourut, fit Didier prisonnier, et renouvela à Adrien Ier la donation de son père, en l'augmentant, à trois reprises, de quelques autres portions de territoire.

Cependant les papes ne jouissaient pas tout à fait de la souveraineté, car la justice était encore rendue dans Rome au nom de l'empereur grec, et ce prince confirmait toujours leur élection.

Léon III, chercha à faire cesser cet état d'incertitude, l'an 800, en proclamant Charlemagne empereur d'Occident. Quoique ce souverain fût revêtu de toute l'autorité des anciens empereurs, l'histoire ne dit pas quelle fut celle qu'il fit exercer en son nom à Rome, où il ne retourna plus, ni si cette capitale fit partie de la donation. On ignore aussi si ce prince donna à cette époque le duché de Bénévent qu'il venait d'enlever aux empereurs d'Orient; il paraît cependant que ce fut Henri III qui le donna à Léon IX, en 1053, et que les papes ne purent en prendre possession que longtemps après. Il est certain que les papes eurent dès lors une grande influence politique, et qu'Étienne V, en 816, crut déjà devoir se dispenser de faire confirmer son élection par aucun des empereurs. Ce fut vers ce temps que parurent les fameuses décrétales Isidoriennes, qui attribuèrent l'infaillibilité au pape, le placèrent au-dessus de toute puissance spirituelle et temporelle, et ne firent relever sa puissance que de Dieu. Cette suprématie, qui ne fut entièrement établie que sous le pontificat de Grégoire VII, en 1075, fut la source des divisions sans nombre qui existèrent entre les souverains et le Saint-Siége. Cette fameuse querelle des empereurs et des papes, connue sous le nom de guerre des Guelfes et des Gibelins, dura plusieurs siècles.

La princesse Mathilde fit au Saint-Siége, en 1077, dotation des domaines qu'elle possédait en Italie; dotation ratifiée en 1279. En 1273, Grégoire X accrut les Etats de l'Église du comtat Venaissin, qu'il reçut de Philippe le Hardi, en 1305. Clément V transféra, en 1307, le Saint-Siége à Avignon, qu'il acheta, en 1348, de la comtesse de Provence, alors reine de Naples.

Grégoire XI revint à Rome, et y mourut en 1378. C'est à l'occasion de la nomination de son successeur que commença le grand schisme de l'Eglise d'Occident, qui donna deux papes à la chrétienté: Urbain VI, qui fut élu par les cardinaux italiens, et Clément VII, par les dissidents; ce dernier se fixa à Avignon. Les souverains soutinrent ces élections suivant leurs intérêts respectifs, et elles continuèrent, au grand scandale de l'Église, jusqu'en 1417, que le concile de Constance y mit fin. En 1442, Eugène IV réunit Pérouse à l'État de l'Église. En 1460, Pie II prit Ponte-Corvo aux Napolitains. Jules II les augmenta de Bologne, de Ravenne. Depuis Léon X jusqu'à Clément VII, l'État de l'Église subit des modifications qui affaiblirent souvent sa puissance. A l'extinction de la maison d'Este, Clément VIII regagna, en 1598, le duché de Ferrare. Urbain VIII acquit, en 1631, le duché de Spolète et celui d'Urbin. Alexandre VII l'augmenta du duché de Castro et de celui de Ronciglione. Depuis ce temps les papes n'ont plus fait aucune acquisition, et dans la suite, au contraire, ils ont été entraînés par les événements politiques, et obligés de céder à la force des circonstances. En 1769, le roi de Naples occupe le duché de Bénévent. La révolution française enleva au pape Avignon et le comtat Venaissin, en 1791, et le traité de Tolontino, en 1797, l'oblige à céder à la république Cisalpine, la Romagne, Bologne et Ferrare. En 1798, les États Romains sont transformés en république, et Pie VI est conduit en France où il meurt en 1799. Pie VII, élu en 1800, rentra dans les États de l'Église, et en 1801 conclut un traité avec le premier consul de la république française. Cependant les duchés de Bénévent et de Ponte-Corvo lui sont enlevés, en 1806, et les marches d'Ancône et de Fermo, ainsi que la délégation d'Urbin, sont incorporées, en 1808, au royaume d'Italie. Pie VII s'étant opposé à des changements que Napoléon voulait introduire dans l'Église de France, celui-ci s'empara, en 1810, du reste des États de l'Église, dont il forma des départements français. Le pape fut conduit en France, où il demeura jusqu'en 1814, qu'il revint à Rome. Le congrès de Vienne lui a restitué tous ses États en 1815, à l'exception d'Avignon et du comtat Venaissin, qui sont restés à la France, ainsi que d'un petit territoire, au delà du Pô, dépendant autrefois de la légation de Ferrare, et qui a été cédé à l'Autriche. Cette dernière puissance a obtenu en outre le droit d'entretenir des garnisons à Ferrare et à Comacchio.

Depuis la restauration du trône pontifical, le peuple romain,

fatigné du joug de l'administration cléricale et cédant de plus
en plus aux aspirations de nationalité qui animent toute l'Italie,
ne cessa de manifester ses vœux pour l'indépendance et la ré-
forme de son organisation civile. Le pape Pie IX chercha à
donner satisfaction à l'esprit public par des concessions libé-
rales, mais l'exaltation des partis, l'influence rétrograde de
l'Autriche, la résistance d'une partie du clergé intéressé au
maintien de l'état de choses, rendirent impuissantes ses bonnes
dispositions, et la révolution de 1848 le força d'abandonner le
pouvoir et de se retirer à Gaëte. Les Français rétablirent le
pape sur son trône, en 1850, et sont restés à Rome depuis
cette époque. « Cette occupation militaire est un fait anormal
» et nécessaire tout à la fois. Si elle cessait aujourd'hui, nous
» verrions entrer demain, à notre place, l'Autriche ou la
» révolution. »

CHAPITRE VII.

ROYAUME DE NAPLES.

Borné au nord par l'État de l'Église, au nord-est par la mer Adriatique, à l'est par la mer Ionienne, au sud et au sud-ouest par la Méditerranée, il se compose du royaume de Naples proprement dit, et de l'île de Sicile, ainsi que des îles de Lipari et de plusieurs autres qui bordent la côte de Campanie.

Sa superficie est de 107,900 kilomètres carrés.

L'Apennin parcourt l'intérieur de cette contrée, et sépare le bassin de la mer Tyrrhénienne de ceux de l'Adriatique et de la mer Ionienne. C'est dans la mer Tyrrhénienne que se rendent les cours d'eau les plus considérables : le Volturno et le Garigliano, qui ne sont cependant que de très-petits fleuves ; le Crati, le Sinno, le Basente et le Bradano sont les tributaires les plus remarquables de la mer Ionienne ; l'Ofanto, la Carapella, le Cervaro, le Candelaro, le Fortore, le Sangro, la Pescara, et le Trento, affluent à l'Adriatique. Le Garigloano est seul navigable.

La fertilité du sol est excellente et ses productions très-variées ; mais l'agriculture y a fait peu de progrès.

Une route principale traverse tout le royaume du nord-est au sud-est, depuis Rieti (État de l'Église) jusqu'à Reggio, sur le détroit de Messine, en passant par Aquila, Popoli, Sulmona à l'est du lac de Fucino, Capoue, Naples, Salerne, Lago-Negro, Nicastro et Milato. Une autre route, plus à l'ouest, joint

Rome à Naples par Terracine et Capoue. Elles ont des ramifications de Popoli à Chieti, de Naples à Bari par Avellino, Ceri-
gnola et Andria; de Salerne à Tarente par Potenza, de Bari à
Tarente, de Bari à Otrante.

La population du royaume de Naples est de 8,980,000
âmes, dont 2,200,000 pour la Sicile et les îles.

Le gouvernement est monarchique absolu. La religion catholique est celle de l'État et la seule tolérée.

Le roi Ferdinand II (Charles), qui vient de mourir, était
né le 12 janvier 1810, et avait succédé à son père, François Ier, le 8 novembre 1830. Son fils et successeur François II
(Marie-Léopold), roi actuel, est né le 16 janvier 1836.

La partie en terre ferme est divisée en quinze provinces; la
Sicile en a sept.

L'armée napolitaine offre un effectif de paix de 50,000
hommes et 5,400 chevaux, savoir :

	Hommes.	Chevaux.
Infanterie de la garde et de la ligne, dont 10,000 Suisses.	29,146	»
Cavalerie	4,573	3,672
Artillerie et génie.	5,558	885
Gendarmerie.	7,548	843
Vétérans, invalides, compagnie de Sicile.	3,225	»
Totaux.	50,000	5,400

Cet effectif peut, en temps de guerre, être porté à 90,000
hommes et 12,000 chevaux.

La marine militaire se compose de 2 vaisseaux de ligne, 5
frégates, 2 corvettes, 5 bricks, 1 goëlette, 12 frégates à vapeur, 16 bâtiments à vapeur.

Naples, capitale, est dominée par le fort San-Elmo, qui est
taillé en partie dans le rocher. Le château de l'OEuf, le Castel-
Nuova et le Torrione-del-Carmine protégent le port et la rade.
480,800 âmes.

Portici a un château royal et une caserne de vétérans. 5,200 âmes.

Torre-dell'Annunziata, grande manufacture d'armes et poudrerie. 9,300 âmes.

Castellamare, port, chantier royal, hôpital de marine. 16,000 âmes.

Revigliano, petit fort. — *Ischia* a de mauvaises fortifications. 3,000 âmes.

Caserta, beau château royal. 5,200 âmes. — *Gaëte*, place forte et port situé sur une pointe rocheuse où se trouve la tour Roland. 3,000 âmes.

Capoue, arsenal et hôpital militaire, forte tête de pont. 9,000 âmes.

Salerne, port. 12,000 âmes. — *Aquila*, sur l'Aterno, commandée par une citadelle. 8,000 âmes. — *Antrodoco*, fort qui ferme la route de Rieti à Aquila. — *Teramo* est entouré de vieux murs. 10,000 âmes. — *Civitella-del-Tronto*, sur le sommet d'une montagne, est un petit fort. — *Pescara*, bourg fortifié. — *Lucera* a un vieux fort et 10,000 âmes. — *Manfredonia* a une citadelle. 5,500 âmes. — *Bari*, port et citadelle. 19,000 âmes.

Barletta, murs, tours et citadelle. 18,000 âmes. — *Trani* a une enceinte avec fossés. 14,000 âmes. — *Leccé* a une assez mauvaise enceinte et une citadelle. 14,000 âmes. — *Otrente*, ville fortifiée. 2,500 âmes. — *Forte-di-Terra*, citadelle qui protége le port de Brindisi. — *Tarente* a une citadelle et 24,000 âmes. — *Gallipoli* est fortifiée et possède un bon port. 9,000 âmes.

L'île de Sicile paraissant ne devoir jouer aucun rôle important dans les événements de la guerre actuelle, nous avons cru inutile d'entrer dans des détails à son sujet.

Le royaume des Deux-Siciles, situé sous le plus beau climat du globe, a été le théâtre de beaucoup d'événements et a subi nombre d'invasions qui ont singulièrement influé sur ses destinées ; dans les temps modernes, l'esprit d'indépendance a toujours animé la plus grande partie de la nation ; malgré les différentes révolutions, les idées de liberté n'ont pas cessé de se développer et de se manifester souvent avec violence, et ce n'est que par les mesures les plus tyranniques et le secours de baïonnettes étrangères que le pouvoir absolu a pu, jusqu'à présent, maintenir son autorité.

CHAPITRE VIII.

—

Il est borné au nord par les royaumes de Saxe, de Prusse et de Pologne ; à l'est, par la Russie et la Moldavie ; au sud, par la Valachie, la Servie, la Bosnie, la mer Adriatique, l'État de l'Église, les duchés de Modène et de Parme ; à l'ouest, par le royaume de Sardaigne, la Suisse, la Bavière.

La superficie totale est de 718,076 kilomètres carrés.

Outre les montagnes servant de limites, l'Erz-Gebirge, les Riesen-Gebirge, les Sudètes, la partie méridionale des Carpathes, les ramifications des Alpes et le Bohmerwald, il y a encore un grand nombre de chaînes considérables qui traversent ce pays dans diverses directions. Les monts Moraves sont liés aux Sudètes et au Bohmerwald. Les monts Carpathes s'étendent en demi-cercle dans la partie nord-est, et envoient vers le Danube les Kreutz-Gebirge, la Javorina, et la branche des monts Czerhat. Presque toutes les Alpes couvrent la partie sud-ouest.

Au milieu de ces montagnes se trouvent un grand nombre de vallées dont les aspects varient à l'infini.

Quant aux plaines proprement dites, elles se rencontrent dans la Bohême, dans la Gallicie, dans le royaume Lombard-Vénitien, dans la partie sud-est et sud de la Hongrie, et dans l'Esclavonie. Bien que la plupart de ces plaines se fassent remarquer par une extrême fécondité, on ne laisse pas cependant de voir dans celles de l'est, des immenses marais et des steppes dépourvues d'arbres et couvertes de sables mouvants d'une étendue considérable.

Les cours d'eau les plus importants qui arrosent cet empire sont : le Danube, l'Elbe, le Pô ; le premier reçoit, par la gauche : le March, le Waag, le Gran et la Theisse ; et sur la rive droite : l'Inn, le Traun, l'Ens, la Raab et la Drave, grossie de la Mur et de la Save. La Vistule y reçoit le San et la Dojanee ; le Dniester s'y grossit du Stry et du Podhorse ; et le Tessin, l'Adda et l'Oglio vont se jeter dans le Pô, près de l'embouchure duquel se trouve l'Adige.

Sans compter les lacs Majeur, de Lugano et de Constance, qui touchent les limites de la monarchie à l'ouest, il y a dans ce pays un grand nombre de lacs, dont les principaux sont : le Balaton et le Nieusedl, en Hongrie ; ceux d'Atter, de Mond, de Traun, d'Hallstadt, dans l'archiduché d'Autriche ; et le Klagenfurt, l'Ossiach et le Millstadt dans le royaume d'Illyrie.

Ce pays est si étendu et le sol y présente tant d'inégalités, qu'il doit en résulter une grande variété dans le climat, la nature du sol et les productions.

Le sol, presque toujours fertile, produit du blé, du maïs, du riz, toutes sortes de grains et de fruits ; des vins exquis, tels que ceux de Tokay, de Tarczal, de Karlovicz et de Mesnes ; du houblon, du lin, du chanvre, du tabac, de l'huile. Les forêts occupent, après les terres labourables, la plus grande partie du sol.

On élève beaucoup de chevaux ; les plus beaux se trouvent dans la Gallicie et dans la Transylvanie, et les plus forts, employés au service de la cavalerie, sont dans l'archiduché d'Autriche, la Styrie et l'Illyrie. Le bétail est très-beau et le gibier nombreux.

Les communications entre les diverses provinces sont assurées par de nombreuses et excellentes routes ; celles qui conduisent en Italie sont : de Vienne à Trieste par Klagenfurth et Laybach ; de Salzbourg à Trieste par Villach et Udine, ou à Venise par Bellune et Trévise ; de Trente à Padoue ; de Trente à Vérone.

Les chemins de fer conduisent de Vienne à Prague et à Dresde par Olmutz ou par Brunn ; de Vienne à Pesth ; de Vienne à Breslau ; de Vienne à Trieste par Bruck, Marburg et Laybach ; de Botzen à Vérone ; de Trieste à Venise par Udine et Trévise.

La population de l'empire d'Autriche, tel qu'il est aujourd'hui et en y comprenant les États d'Italie, est de 38,500,000 âmes.

Le gouvernement n'est pas tout à fait le même pour tous les pays de la monarchie. En Dalmatie, dans les confins militaires, en Illyrie, c'est une autocratie pure ; les pays allemands, polonais et italiens, ont des États provinciaux dont l'action est fictive. En Hongrie et en Transylvanie, des diètes sont censées participer au gouvernement qui, en résumé, peut être considéré partout comme absolu.

La religion catholique est celle de l'État, et le dernier concordat a donné au clergé une déplorable influence sur toutes les affaires du pays.

L'empire d'Autriche est une agglomération d'États et de nations divers, n'ayant entre eux aucun lien de nationalité, de mœurs, de langage, et étant antipathiques les uns aux autres. Ces États sont, avec leur population approximative :

Archiduché d'Autriche.	2,000,000
Styrie.	900,000
Illyrie.	1,200,000
Tyrol et Voralberg.	900,000
Bohême.	4,300,000
Moravie et Silésie.	2,200,000
Gallicie.	4,600,000
Hongrie.	12,200,000
Croatie.	750,000
Esclavonie.	750,000
A reporter	29,800,000

Report.	29,800,000
Transylvanie.	2,600,000
Dalmatie.	450,000
Lombardo-Vénétie.	5,500,000
Territoire de Cracovie.	150,000
Total.	38,500,000

L'empereur François-Joseph Ier, né le 18 août 1830, est monté sur le trône le 2 décembre 1848; il s'est marié le 24 avril 1854, à Marie-Élisabeth-Eugénie, née le 24 décembre 1836, fille de Maximilien-Joseph, duc de Bavière.

L'armée autrichienne, sur le pied de paix, est de 428,000 hommes et 50,400 chevaux, savoir :

	Hommes.	Chevaux.
Infanterie.	314,795	»
Cavalerie.	48,826	44,400
Artillerie.	25,876	»
Corps divers.	31,744	6,000
Marine.	6,759	»
Totaux.	428,000	50,400

A cet effectif, ou peut joindre environ 15,000 douaniers et les corps francs. En 1813 et 1814, l'armée autrichienne, dans son plus grand complet de guerre, avait 750,000 hommes.

Il est à remarquer, en ce moment, que, dans l'armée autrichienne actuelle, il se trouve 85,000 Italiens.

La marine autrichienne, bien qu'elle ne puisse entrer en parallèle avec celle des grandes puissances maritimes de l'Europe, est cependant assez forte pour protéger, en temps ordinaire, le commerce et le pavillon; elle se compose de : 3 frégates, 4 corvettes, 3 bricks, 7 goëlettes, 33 péniches, 11 chaloupes canonnières, 2 bricks à piple, 1 pyroscaphe.

Les lieux les plus remarquables de l'empire d'Autriche, surtout sous le rapport militaire, sont :

En Illyrie :

Villach, où l'on passe la Drave sur un pont de pierre. 5,000 âmes.

Bleiberg, grandes mines de plomb pour l'armée. 3,000 habitants.

Spital, avec un château à l'embouchure de la Liser dans la Drave.

Ossiach, haras militaire.

KLAGENFURT, sur la Glan, capitale de la Carinthie. 12,000 âmes.

Strasbourg, sur la Gurk, a une vieille forteresse bâtie sur un rocher.

Haut et Bas-Ferlach, grande et importante manufacture d'armes. 3,000 âmes.

Laibach, sur les deux rives de la Laibach qui y est traversée par quatre ponts; vieille citadelle, hôpital, siége d'un commandement militaire. 20,000 âmes.

Neustœdtel, sur la Gurk. 2,000 âmes. — *Adelsberg.* 1,600 âmes. — *Idria.* 5,000 âmes. — *Lueg,* château sur un rocher.

Trieste, sur le golfe du même nom, est défendue par une citadelle; le port, où peuvent entrer les plus gros navires de guerre, est protégé par le môle de Santa-Theresia et par plusieurs batteries; hôpital militaire. 80,000 âmes.

Goerz, sur l'Isonzo, est entouré de murailles, caserne. 9,000 âmes.

Gradiska, place forte sur l'Isonzo. 15,000 âmes. — *Mitterbourg* a un vieux château et 1,600 âmes. — *Capo-d'Istria,* sur une île rocheuse, près du golfe de Trieste, port défendu par une citadelle. 6,000 âmes.

Pirano, bon port sur le golfe de Trieste. 6,400 âmes. — *Parenzo,* port et place forte. 2,300 âmes.

Pola a un mur d'enceinte et un port défendu par une citadelle et des batteries.

Cittanova, beau port. 1,000 âmes. — *Marano,* petit château-fort.

En Styrie :

Knittelfeld, sur la Mur, raffinerie de salpêtre. 15,000 âmes. — *Bruck*, sur la Mur. 3,000 âmes.

Neuberg, fabrique de ferrures pour l'artillerie. — *Maréin*, dépôt impérial du train des équipages.

Grœtz, sur la Mur, citadelle en ruine. 45,000 âmes. — *Biber*, haras impérial militaire.

Reigersbourg, vieux château-fort. — *Marbourg*, sur la Drave. 5,000 âmes. — *Ehrenhausen*, avec un pont sur la Mur et un grand château. — *Pettau*, sur la Drave, grande maison d'invalides. — *Cilly*. 2,000 âmes.

Archiduché d'Autriche :

VIENNE, sur un bras du Danube, capitale de l'empire, entourée d'un rempart maçonné; trois grands arsenaux, fonderie de canons, manufacture d'armes, dépôt d'artillerie, maison d'invalides, casernes, hôpitaux. 432,000 âmes.

Fünfhaus, près Vienne, grandes fabriques d'armes. — *Klosterneubourg*, sur le Danube, direction de la flottille du Danube et dépôt du train des équipages. 3,000 âmes. — *Steinfeld*, ateliers pour les fusées de guerre, dépôt principal de poudre. — *Saint-Pœlten*, sur la Traisen, a une enceinte de murs. 6,000 âmes. — *Mautern*, avec un pont de bois sur le Danube. — *Marktel-Lilienfeld*, sur la Traisen, et *Hainfeld*, fabriques d'armes. — *Korneubourg*, sur le Danube. 20,000 habitants. — *Stockerau*, direction principale d'habillement militaire. 1,800 âmes. — *Schlosshof*, château impérial. — *Krems*, fabriques de poudre. 1,800 âmes. — *Linz*, place forte sur le Danube, que l'on passe sur un pont de bois. 25,000 âmes. — *Steyer*, au confluent de la Steyer et de l'Enns, mur crénelé et château sur un rocher qui commande la ville. 10,000 âmes. — *Klaus*, sur la Steyer, avec un château qui commande le pont. — *Ebelsberg*, avec un pont sur la Traun et un château. — *Wels*, fabrique de poudre. 4,500 âmes. — *Ried*. 2,800 âmes. — *Braunau*, avec un pont sur l'Inn.

En Bohême :

PRAGUE, capitale, sur la Moldau, ville forte. 145,000 âmes.
—*Elbogen*, entouré de murs. 2,500 âmes.—*Weipert,* fabrique
de canons de fusil. — *Saaz,* sur l'Eger, pont. 5,500 âmes.
— *Leitmeritz,* avec un pont sur l'Elbe. 5,400 âmes.
— *Theresienstadt,* place forte à l'embouchure de l'Eger.
1,500 âmes. — *Iung-Bunzlau.* 6,000 âmes. — *Gitschimsarla,*
enceinte et château. 4,000 âmes. — *Kœniggraetz,* place
forte à l'embouchure de l'Adler dans l'Elbe. 8,000 âmes. —
Chrudim, 5,600 âmes. — *Kladrub,* haras impérial. —*Czaslau,*
4,000 âmes. — *Sternberg,* vieux château-fort. — *Schlan,*
mur et fossé. 3,800 âmes. — *Stiechowitz,* sur la Moldau,
grandes poudreries. — *Pilsen,* sur la Mies. 10,000 âmes. —
Klattau. 6,000 âmes. — *Pisek,* sur la Wottawa. 5,600 âmes.
— *Budweis.* 7,000 âmes. — *Moldautein,* pont sur la Moldau.

En Moravie :

Brunn, capitale, ville fortifiée, haras de remonte.
48,000 âmes. — *Iglau,* ville murée. 14,000 âmes. — *Znaym,*
mur d'enceinte, hôpital militaire. — *Olmutz,* place forte.
20,000 âmes. — *Weisskirchen,* château. 4,500 âmes. —
Teschen. 7,000 âmes. — *Troppau.* 12,000 habitants.

En Hongrie :

Ungarisch-Altenbourg. 2,400 habitants. — *OEdenbourg.*
12,500 âmes. — *Forchtenau,* château-fort. — *Raab,* ville
libre. 20,000 âmes. — *Komorn,* ville fortifiée. 18,000 âmes.
Babolna, haras militaire. — *Stuhlweissenbourg.* 20,000 âmes.
— *Veszprem.* 10,000 âmes. — *Güns,* avec un château-fort.
6,000 âmes. — *Zombor.* 21,000 âmes. — *Bude* ou *Ofen,*
place forte sur la rive droite du Danube. 40,000 âmes. —
Pesth, grande et belle ville, casernes. 100,000 âmes. — *Neu-
Sohl,* manufacture d'armes, poudreries. 12,000 âmes. —
Gran, avec un pont sur le Danube, 12,000 âmes. — *Kremnitz.*
11,000 âmes. — *Neutra,* avec une antique citadelle.
5,000 âmes. — *Presbourg,* sur le Danube, tête de pont,

casernes. 40,000 âmes. — *Trentschin*, sur la Waag, château. 4,000 âmes.

Arva, grand château-fort. — *Leutschau*, ancienne place forte. 6,000 âmes. — *Erlau*. 20,000 âmes. — *Kaschau*, ceinte de murs ; arsenal, caserne. 14,000 âmes. — *Unghvar*, avec un château-fort sur une montagne. 7,000 âmes. — *Nagy-Kallo*, raffinerie de salpêtre. 6,000 âmes. — *Gross-Wardein*, ancienne place forte. 20,000 âmes. — *Debroczin*, grande ville de 42,000 âmes. — *Gyula*, ancien château-fort. 15,000 âmes. — *Szegedin*, place fortifiée ; pont sur la Theiss. 40,000 âmes. — *Mazœhegyes*, grand haras militaire. — *Alt-Arad*, sur la Maros, avec la forteresse de *Neu-Arad*. 15,000 âmes. — *Lugos*, 6,000 âmes. — *Temeswar*, place forte sur le canal de Bega ; casernes, arsenal. 13,000 âmes.

En Croatie :

Warasdin, sur la Drave ; vieilles fortifications. 8,800 âmes. — *Agram*, près de la Save. 14,000 âmes.

Carlstadt, place forte sur la Kulpa. 7,000 âmes.

En Esclavonie :

Eszek, place forte. 12,000 âmes. — *Posega*, avec un château-fort. 5,000 âmes. — *Illok*, avec une vieille citadelle. 4,000 âmes. — *Peterwardein*, place forte sur le Danube, avec un pont. 12,000 âmes. — *Tittel*, sur la Bega ; arsenal. 4,000 âmes.

En Transylvanie :

Deva, sur la Maros ; vieux château. 3,500 âmes. — *Nagy-Enyed*. 6,500 âmes. — *Karlsbourg*, sur la Maros ; citadelle. 12,000 âmes. — *Klausenbourg*, entourée de murs ; grandes casernes. 20,000 âmes. — *Fagaras*, sur l'Alt ; pont, vieux château-fort. 5,000 âmes.

Pays des Szeklers :

Maros-Vasarhely, avec un château-fort. 11,000 âmes.

Pays des Saxons :

Hermanstadt, sur le Cziben, entourée de murs ; hôpital, poudrerie. 20,000 âmes.

Kronstadt, murs, fossés, citadelle. 37,000 âmes.

En Dalmatie :

Zara, capitale ; port défendu par une citadelle. 7,000 âmes. — *Knin*, sur la Kerka ; château-fort. — *Spalato*, port défendu par des batteries. 8,500 âmes.

Clissa, Mirabella, Opus, Torre-de-Norin, forts. — *Raguse*, sur une montagne ; port, murailles flanquées de tours. 13,000 âmes. — *Cattaro*, un des meilleurs ports de l'Adriatique, défendu par une citadelle. 3,500 âmes. — *Castelnuovo*, citadelle et forts. 1,000 âmes. — *Budna*, petit port fortifié.

En Gallicie :

Wadowice, sur la Skawa ; caserne, hôpital militaire. 3,000 âmes. — *Bochnia*, 5,600 âmes. — *Tarnow*, hôpital militaire. 5,500 âmes. — *Sambor*. 9,500 âmes. — *Przemysl*, pont sur le San ; citadelle. 9,000 âmes. — *Lemberg*, sur le Peltew ; grande caserne, hôpital. 60,000 âmes. — *Brzezan*, sur la Zlota-Lipa ; pierres à fusil. 5,300 âmes. — *Tarnopol*, sur le Sered ; château. 11,000 âmes. — *Czernowitz*, 9,000 âmes. — *Radautz*, haras. 2,000 âmes.

A la chute de l'empire romain, la Norique et la Pannonie, après avoir passé sous la domination de plusieurs peuples, finirent par échoir aux Francs. Les Avares en occupaient une portion ; Charlemagne leur ayant pris le pays au-dessous de l'Ens, le divisa en plusieurs comtés. Ce pays prit le nom d'OEsterreich (royaume de l'Est), dont on a fait Autriche. Il reçut le titre de margraviat en 983. En 1153, les pays au-dessus et au-dessous de l'Ens ayant été réunis, furent érigés en duché qui s'accrut de la Styrie en 1186, de la Carniole en 1232. En 1246, à la mort du dernier duc de la maison de Babenberg, le roi de Bohême s'empara de tous les pays autrichiens, auxquels il ajouta la Carinthie, l'Istrie et une partie du Frioul. Rodolphe, comte de Hapsbourg, ayant été élu empereur d'Allemagne en 1273, Ottocar II, roi de Bohême, duc d'Autriche, refusa de lui rendre hommage ; l'empereur le vainquit en 1277, et laissant au fils d'Ottocar le royaume de Bohême, s'empara des autres possessions du père ; c'est de Rodolphe qu'est issue la maison d'Autriche. En 1362, Marguerite de Carinthie céda au duc Rodolphe tous ses droits sur le Tyrol. A ces domaines, les ducs d'Autriche joignirent le Brisgau, le comté de Gorice et Trieste. Albert II, troisième empereur de la maison d'Autriche, hérita, en 1437, des royaumes de Bohême et de Hongrie. Sous Frédéric III, en 1453, l'Autriche fut érigée en archiduché. En 1527, elle acquit la Moravie, la Silésie et la Lusace ; Léopold, son fils, s'empara de la Transylvanie et de la Croatie. A la paix d'Utrecht, l'Autriche reçut comme héritage de Charles II, roi d'Espagne, la Belgique, la Lombardie, le royaume de Naples et l'île de Sardaigne. Six ans après, elle changea la Sardaigne contre la Sicile. En 1735, elle rendit Naples et la Sicile à l'infant don Carlos d'Espagne, et reçut en retour les duchés de Parme, de Plaisance et de Guastalla. En 1736, elle échangea la Lorraine contre la Toscane. Charles VI mourut en 1740, et avec lui s'éteignit la branche mâle de la maison d'Autriche. Sa fille, Marie-Thérèse, perdit la plus grande partie de la Silésie. En 1743, elle céda une partie du Milanais au roi de Sardaigne, et en 1748, les duchés de Parme, de Plaisance et de Guastalla à l'Espagne. En 1772, le partage de la Pologne mit l'Autriche en possession de la Gallicie et de la Lodomerie ; elle obtint la Bukowine en 1777, et le quartier de l'Inn l'année suivante. Joseph II succéda à sa mère, Marie-Thérèse, en 1780 ; le règne de Léopold II, son frère, fut de courte durée et suivi de celui de François II, qui acquit la Gallicie occidentale par le second partage de la Pologne, en 1795. En 1795, il céda à la France, par le traité de Campo-Formio, la Lombardie et les Pays-Bas, et acquit une grande partie des États-Vénitiens, ainsi que l'Istrie, la Dalmatie et les bouches du Cattaro. Le traité de Lu-

néville, en 1801, lui enleva le Brisgau, la Toscane et le Frick-
thal. En 1804, François II prit le titre d'empereur d'Autriche, et, depuis ce moment, se fit appeler François Ier. En
1805, le traité de Presbourg fit perdre à l'Autriche le Tyrol,
Trente, Brixen, le Burgau, l'Ortenau, ses possessions en
Souabe et la Vénétie. En 1806, François II renonça au titre
de chef de l'empire. En 1809, la paix de Schœnbrunn lui enleva la Carniole, le Frioul et Govice, le territoire de Trieste,
la haute Carinthie, Salzbourg et Berchtolzgaden, une partie
des provinces polonaises, l'Istrie, la Dalmatie et les bouches du
Cattaro.

Le mariage de la fille de l'empereur d'Autriche avec Napoléon, consolida cette paix. En 1813, François Ier entra dans la
coalition. En 1815, le congrès de Vienne le remit en possession de la Lombardie et de presque tous les États qui lui
avaient été enlevés. Il acquit en outre la Valteline, Raguse et
le territoire à la gauche du Pô, près de son embouchure.

Depuis cette époque, l'Autriche s'est emparée, par une
violation flagrante des traités de 1815, qu'elle invoque
aujourd'hui, du territoire de Cracovie, et n'a cessé d'étendre sa
domination sur tous les États de l'Italie. Le Piémont seul a
résisté à cet asservissement et a fondé un gouvernement constitutionnel qui, portant ombrage à l'absolutisme autrichien, a
provoqué son aggression actuelle.

RÉSUMÉ

L'Italie, cette belle contrée, berceau des beaux-arts et de la civilisation, est une de celle dont la configuration géographique est la mieux et le plus naturellement déterminée ; bornée à l'ouest par le cours du Var, la chaîne des Alpes, une partie du cours du Rhône qui la séparent de la France ; au sud-ouest par la mer Tyrrhénienne ; au nord par le lac de Genève et les Alpes, la Suisse, le Tyrol et l'Illyrie ; à l'est par la mer Adriatique ; au sud-est par la mer Ionienne ; au sud par la Méditerranée.

Elle s'étend du pied méridional de la chaîne des Alpes jusqu'au cap Spartivento dans la Calabre ; le détroit de Messine la sépare de l'île de Sicile qui en est une dépendance, ainsi que celle de Sardaigne. La superficie totale de l'Italie est de 307,020 kilomètres carrés.

Les côtes présentent un développement d'environ 3,200 kilomètres. L'Italie est bien arrosée ; cependant on n'y trouve des cours d'eau de quelque étendue que dans la partie septentrionale, à cause du peu de largeur de la péninsule, largeur que diminuent encore les Apennins, qui la coupent en deux parties presque égales.

L'Italie est comprise dans le climat chaud de l'Europe, si ce n'est sur les Alpes, où les glaciers, qui commencent généralement vers 3,000 mètres, forment une chaîne continue ; à partir des sources du Pô, les neiges n'y sont pas de longue durée, et les gelées y sont peu pénétrantes. Sur les Alpes on éprouve un froid très-vif ; dans la plaine du Pô et sur les

Apennins, la température est rigoureuse, tandis qu'à l'extrémité de la Péninsule et en Sicile il ne gèle jamais. La Toscane et les États de l'Église sont chauds, le royaume de Naples éprouve une chaleur accablante. Dans les plaines et sur les côtes, la chaleur est tempérée par les vents qui descendent des montagnes et par les brises de mer. Quoiqu'il y ait une grande quantité de terrains incultes, à cause des montagnes, des marais et des parties sablonneuses, l'Italie présente encore une belle végétation et le sol y est d'une fécondité extraordinaire. Riche en métaux et en marbres, cette contrée privilégiée laisse à désirer sous le rapport de l'industrie, ce qui doit être surtout attribué au système féodal et tyrannique, qui depuis si longtemps asservit ses habitants et provoque chez eux un découragement et une indolence funestes à l'agriculture et au commerce, augmentés encore par une longue suite de guerres sanglantes et de dominations diverses toujours asservissantes.

La population de l'Italie est de 25,737,700 âmes.

La réunion fédérale des États Italiens, si ardemment désirée, en rendant la nationalité et l'indépendance au peuple, sera pour lui une source d'améliorations morales et intellectuelles; placé sous une constitution uniforme, ayant un intérêt de conservation et de prospérité commun, il prendra enfin place parmi les puissances européennes.

Affranchie de l'humiliante présence des baïonnettes étrangères, la fédération italienne pourra en temps de paix avoir une armée nationale de 200,000 hommes, et en cas de guerre une force suffisante pour défendre son indépendance conquise après tant de malheurs et de sacrifices.

FIN.

TABLE

FIN DE LA TABLE.

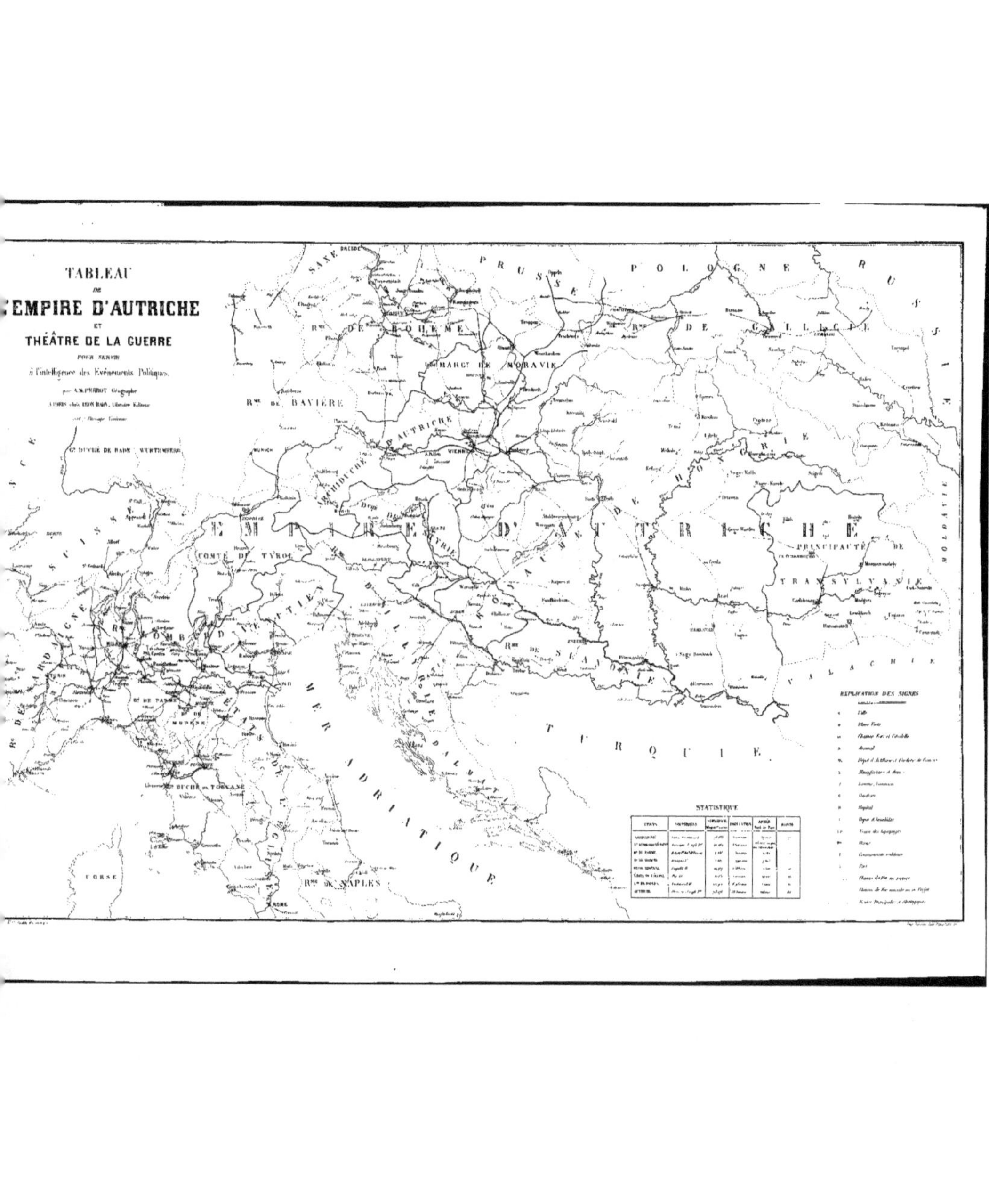

TABLEAU
DE
L'EMPIRE D'AUTRICHE
ET
THÉÂTRE DE LA GUERRE
POUR SERVIR
à l'intelligence des Événements Politiques.
par A. M. PERROT Géographe
A PARIS chez LÉON BAIN, Libraire Éditeur
Gd DUCHÉ DE BADE WURTEMBERG
SAXE
DRESDE
PRUSSE
POLOGNE
RUSSE
Rme DE BOHÊME
Rme DE GALLICIE
MARGt DE MORAVIE
Rme DE BAVIÈRE
MUNICH
ARCHIDUCHÉ D'AUTRICHE
VIENNE
HONGRIE
MOLDAVIE
COMTE DE TYROL
EMPIRE D'AUTRICHE
ILLYRIE
PRINCIPAUTÉ DE
TRANSYLVANIE
SUISSE
LOMBARDIE VENITIE
DALMATIE
Rme DE ESCLAVONIE
VALACHIE
Rce DE SARDAIGNE
Dté DE PARME
Dté DE MODÈNE
MER ADRIATIQUE
TURQUIE
CORSE
Gd DUCHÉ DE TOSCANE
Rme DE NAPLES
ROME
EXPLICATION DES SIGNES
Ville
Place Forte
Chasteau Fort et Citadelle
Arsenal
Dépôt d'Artillerie et Fonderie de Canons
Manufacture d'Armes
Levées, Écluses
Rupture
Hôpital
Dépôt d'Invalides
Tiage des Équipages
Mine
Gouvernement militaire
Port
Chemin de Fer en projet
Chemin de Fer exécuté ou en Projet
Routes Principales et Stratégiques
STATISTIQUE

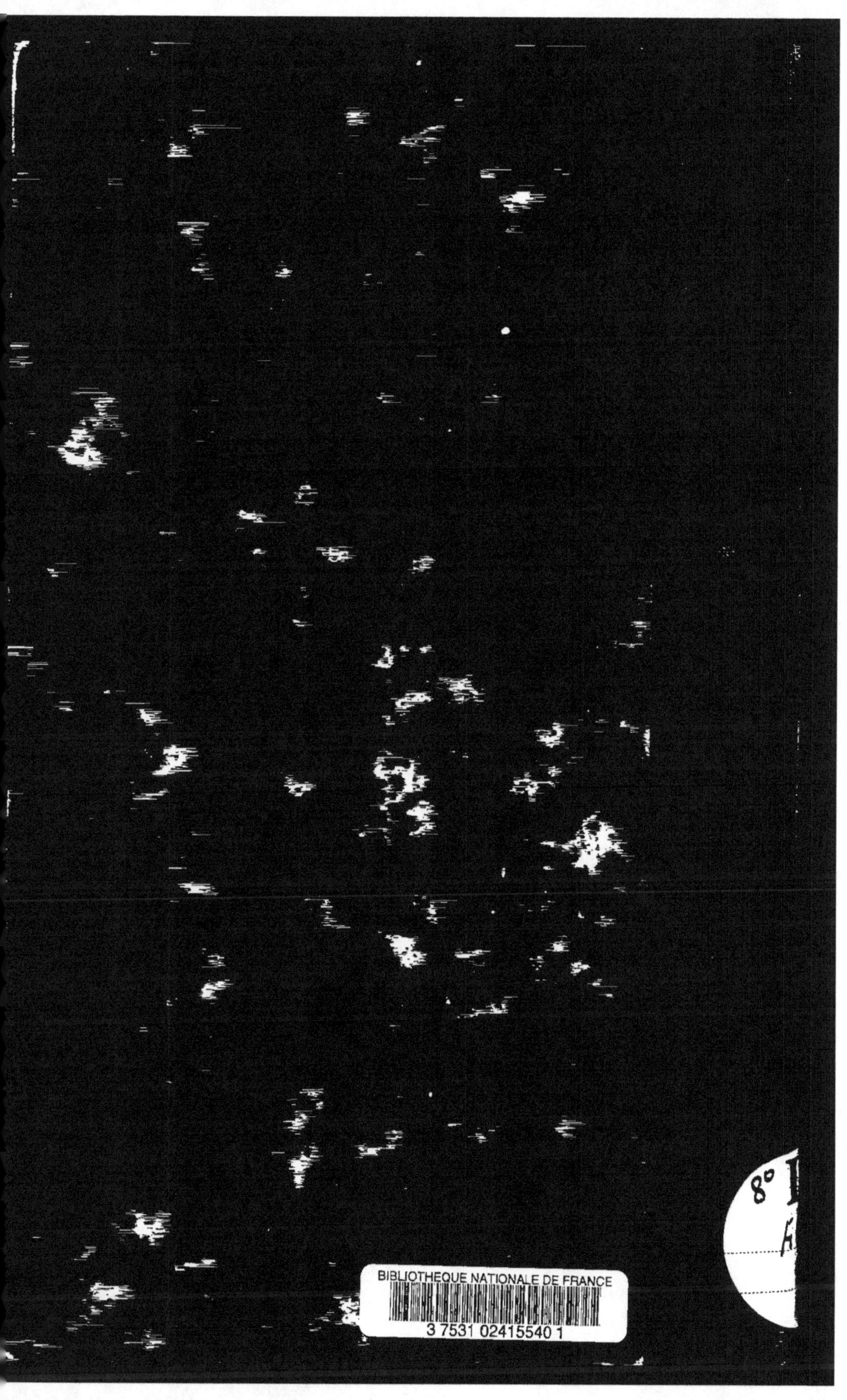